W0400123

De l'infidélité

Du même auteur

Romans

Ma place sur la photo, Grasset, 2004.
Chicken street, Grasset, 2005 ; Points, 2006.
Madeleine, Stock, 2007 ; Le Livre de poche, 2009.
Keith me, Stock, 2008 ; Le Livre de poche, 2010.
Les Terres saintes, Stock, 2010 ; Le Livre de poche, 2011.
Liberace, Plon, 2010.
Rompre le charme, Stock, 2012 ; Le Livre de poche, 2013.
Les Érections américaines, Flammarion, 2013.
Les Promesses, Grasset, 2015 ; Le Livre de poche, 2016.

Théâtre

Le Vieux Juif blonde, Grasset, 2006.
Thalasso, Avant-scène théâtre, 2007.
Le Lien, suivi de *Monsieur Pipi*, Flammarion, 2012.

Jeunesse

Le Chat bleu, l'Alouette et le Canard timide, Grasset jeunesse, 2006.
L'Anniversaire de Rebecca Rotte, Toucan jeunesse, 2008.
Cœur d'Oscar Tichaut, Toucan jeunesse, 2008.
Léo Gnon n'est plus grognon, Toucan jeunesse, 2008.
Rouge tomate, Toucan jeunesse, 2008.
Le Carnet secret de Lili Lampion, Nathan jeunesse, 2011.
Le Carnet secret de Timothey Fusée, Nathan jeunesse, 2013.
Le Poisson perroquet, Nathan jeunesse, 2014.

Document

Dans mes yeux, avec Johnny Hallyday, Plon, 2013 ; Pocket, 2014.

Amanda Sthers

De l'infidélité

Est-elle née avec l'amour ?

PLON
www.plon.fr

© Éditions Plon, un département d'Édi8, 2018
12, avenue d'Italie
75013 Paris
Tél : 01 44 16 09 00
Fax : 01 44 16 09 01
www.plon.fr

Mise en page : Nord Compo (Villeneuve-d'Ascq)
Dépôt légal : mars 2018
ISBN : 978-2-259-23018-6

Le Code de la propriété intellectuelle interdit les copies ou reproductions destinées à une utilisation collective. Toute représentation ou reproduction intégrale ou partielle faite par quelque procédé que ce soit, sans le consentement de l'auteur ou de ses ayants cause, est illicite et constitue une contrefaçon sanctionnée par les articles L. 335-2 et suivants du Code de la propriété intellectuelle.

Prologue

Il est étonnant de vouloir parler d'infidélité. Surtout pour une femme. Les clichés ont la peau dure et évidemment l'infidélité est un territoire masculin. Cet abécédaire n'en est en aucun cas l'éloge ; plutôt le questionnement.

Comment ma génération et celles à venir peuvent-elles encore croire en un amour exclusif capable de durer toute une vie ? À l'heure d'Internet, de la beauté à rallonge, de la mort des tabous, peut-on imaginer n'avoir qu'un partenaire amoureux lors de son existence ? Et si c'est le cas, peut-on lui être fidèle ?

La notion de la fidélité est arrivée avec la sédentarité : il fallait savoir si on léguait sa terre à sa descendance et non pas à celle du voisin. La seule façon de s'en assurer était donc d'interdire sa femme aux autres hommes. Ainsi est né le concept.

Romantique, n'est-ce pas ?

Les religions monothéistes ont été écrites avec cette exigence et on a supprimé de l'imagerie les déesses sexuées aux bras multiples en faveur de femmes prudes, effarouchées ou vierges.

Ce sujet m'intéressait à triple titre.

D'abord, socialement, je vois le monde évoluer vite avec un modèle de couple qui doit se réinventer. Des copines sublimes, brillantes, qui sont seules et des amis indécis, incapables de s'engager durablement : le duo ne parvient plus à s'installer, ou de plus en plus difficilement. La nouvelle base affective devient les bandes d'amis. Où vont aller l'amour et le modèle du couple traditionnel ?

Ensuite, comme écrivain : l'infidélité est un terreau d'une richesse prodigieuse pour l'imaginaire. La littérature, le théâtre, le cinéma regorgent d'histoires d'adultère, toutes différentes, pour certaines fondatrices.

Enfin, comme femme : j'ai été mariée, j'ai divorcé, j'ai eu des aventures, des belles histoires, j'ai été trompée et je l'ai su, parfois.

J'ai dû apprendre à réparer la blessure qui s'ouvre quand on est victime d'une infidélité : faille narcissique, humiliations d'enfance qui reviennent en claque…

J'avoue ne jamais avoir été infidèle. Pas en vertu d'une exigence morale mais parce que je souffre de cette maladie qui affecte majoritairement les femmes : je confonds le désir et l'amour. Dès que j'ai désiré un autre homme que celui avec lequel je vivais une relation, alors je l'ai quitté. Je n'ai jamais su faire le distinguo, comme la plupart des femmes de ma génération. J'ai pu être infidèle « techniquement », car j'ai embrassé un autre homme avant de quitter le mien, mais c'était irréversible et immédiat. Le passage à l'acte marque alors pour moi la fin d'une histoire et le début d'une autre.

Les jeunes filles sont de plus en plus libérées à ce sujet et non pas besoin d'accoler le mot amour sur le désir. Il semblerait qu'elles se soient dégagées de cela. L'apprentissage de leur sexualité commence bien avant l'état amoureux. L'ordre des choses est bousculé, ou du moins réinventé.

Pour moi en revanche, c'est une fois que le désir s'est essoufflé que je réalise souvent qu'il ne s'agissait que de ça, que j'avais posé de l'amour dessus comme la morale judéo-chrétienne me l'a inculqué depuis l'enfance.

Je suis la confidente de nombreux amis infidèles ; j'en ai aussi consolé qui avaient été trompés. Ils considèrent que la trahison est plus ou moins grave selon qu'ils sont le bourreau ou la victime.

Je me suis souvent dit de ceux qui se faisaient surprendre qu'une part d'eux-mêmes en avait envie. Ce n'est pas si dur de dissimuler une aventure ; l'amour par contre semble être impossible à camoufler longtemps.

Après plusieurs échecs sentimentaux, je me suis interrogée. L'infidélité n'est pas la seule chose qui témoigne de l'échec de mes couples, mais la frustration réciproque que demande le renoncement à toutes les aventures qu'offre la vie doit l'être en partie.

Quand on vit sans attachement, on se dit que la fidélité est impossible et qu'il faudra trouver un moyen de la doser dans ses histoires à venir. C'est-à-dire tolérer tant qu'on est épargné, respecté, ne pas chercher à savoir… S'accorder le droit aussi de pouvoir se jeter à un autre cou, le temps d'un soir ou de quelques ébats dans une émotion maîtrisée.

Et puis… on retombe amoureux. Et les illusions ressuscitent, entraînant avec elles ce drôle de sentiment qu'on croyait oublié : la possessivité. On veut appartenir à celui qu'on aime et qu'il nous appartienne en retour. Et surtout au début d'une histoire d'amour, l'idée de désirer une autre peau est complètement hérétique. On se dit qu'on ne voudra plus que celle-là, qu'on n'a jamais aimé avant. On formule des promesses déjà promises, déjà tachées, mais on y croit de nouveau.

Je pense réellement que l'amour est ce qui constitue l'être humain. Ce sentiment tout à fait mystérieux qui fait qu'on s'attache à un autre et qu'on veut lui faire du bien, se mêler à lui, être un tout. Mais comment expliquer la jalousie qui l'accompagne ? Ce qu'on accepte volontiers en amitié : le partage, l'élargissement du cercle, est totalement exclu lorsqu'on parle de sentiments amoureux.

Est-ce que cet élan est naturel ? A-t-il été fabriqué socialement ? Les modèles que l'on nous donne enfant formatent-ils nos sentiments par la suite ? Dans une société polygame où les femmes ont toujours vu leurs mères partager le père avec d'autres femmes, sont-elles débarrassées de la jalousie ?

L'infidélité soulève des milliers de questions, de fantasmes, d'anecdotes… La curieuse que je suis a fait des recherches pour retrouver les tromperies-scandales emblématiques. Et comme l'amour n'est pas que dans le couple, j'ai évoqué quelques autres tromperies, que ce soient les transferts dans le monde du football ou les infidélités artistiques. L'écrivain a référencé les œuvres marquantes de la littérature en termes de trahisons amoureuses. Enfin, la femme s'est interrogée en revenant aux racines, aux textes religieux : comment échapper à cette malédiction ? Comment garder l'amour intact ? Ce livre est, en fait, désespérément romantique.

A. S.

A

Adultère

L'adultère désigne le fait d'avoir des relations sexuelles avec un autre être que son conjoint. C'est une rupture de contrat. On applique le mot « adultère » lorsqu'un accord a été passé qui rend les époux exclusifs. Le mot vient du latin *adulterium*, « qui altère » ou altération. Le sang familial est en effet souillé, altéré lorsqu'un adultère a lieu.

Non seulement au sens symbolique mais aussi au sens propre. On risque de ne pas savoir si les générations qui naissent ont bien le même sang que nous. Chiffre très étonnant : un enfant sur trois ne serait pas du père désigné.

En réalité, ce chiffre vient des laboratoires pratiquant les tests de paternité. Le résultat est forcément biaisé, car lorsqu'on effectue ce test, c'est qu'on est déjà dans le doute. D'autres chiffres plus réalistes parlent de 4 % des enfants qui seraient des enfants dits « adultérins ».

De l'infidélité

Selon l'article 259 du code civil, l'adultère est une faute qui peut se prouver « par tout moyen sauf violence ou fraude » (voir Détective privé).

Alibi

En latin, le mot *alibi* veut dire « ailleurs »... C'est peut-être de là que vient l'expression « aller voir ailleurs » ? Le vocabulaire de la tromperie est proche de celui du crime. Naturellement puisqu'il s'agit d'une désobéissance, si ce n'est à une loi écrite, en tout cas à une loi tacite entre conjoints.

Voici une petite liste d'alibis classiques :

— séminaire

— dîner professionnel

— rendez-vous qui s'est prolongé

— footing (ça permet de justifier la douche en rentrant)

Il existe depuis quelques années des agences d'alibis en ligne qui permettent d'aider les infidèles à ne pas se faire pincer. Créées au Japon, ces sociétés existent désormais un peu partout dans le monde. Les sites permettent de fabriquer un faux dépliant pour un colloque ou des places de spectacle avec un résumé de ces derniers pour pouvoir prétendre à une activité qui permet de disparaître quelques heures…

Ils estiment avoir autant de clients masculins que féminins.

En ce qui me concerne, je pense qu'à la question : « T'étais où ? », répondre : « Avec mon amant, évidemment » permet de mettre l'autre dans une situation où il ne peut interpréter cela qu'avec humour et répliquer à son gré : « T'étais avec tes copines une fois de plus, ça fait deux heures que je t'attends. » Vous souriez, vous n'avez pas menti.

Allen (Woody)

Mia Farrow est sans doute la femme qui a dû le plus souffrir de l'infidélité, de la trahison même, commise par son compagnon Woody Allen. Le célèbre cinéaste a réussi à dépasser son œuvre en créant une situation racinienne, quasi mythologique dans sa vie intime.

Quand Woody Allen s'est mis en couple avec Mia, Soon-Yi avait alors dix ans. Fille adoptive de Mia Farrow et du chef d'orchestre André Previn, elle devient la sœur des deux enfants que Woody et Mia adoptèrent par la suite.

À la tête d'une tribu, partageant des relations professionnelles, le duo Allen/Farrow semble épanoui, c'est l'union idéale aux yeux du monde. Elle joue dans tous ses films, il incarne l'intelligence et l'humour new-yorkais : le couple bohème chic par excellence.

Pourtant en 1992, après douze ans d'amour, quand Mia Farrow découvre un paquet de photos pornographiques d'une jeune Asiatique, elle ne voit pas tout de suite qu'il s'agit de son enfant Il lui faut un moment pour mesurer la violence de cette révélation et encaisser le choc mais elle doit bien admettre l'évidence : Woody Allen a des relations sexuelles avec sa fille Soon-Yi, qu'ils considéraient comme la leur. Ils se séparent à grand bruit de presse à scandale. D'autant que Dylan, autre fille adoptive du couple, accuse Woody Allen de pédophilie. La plainte sera retirée mais elle dit aujourd'hui le regretter et persiste dans ses accusations.

On pense alors la carrière de Woody Allen foutue, mais il épouse Soon-Yi avec laquelle il est toujours marié.

Woody Allen est allé très loin en déclarant récemment que le couple qu'il formait désormais avec Soon-Yi marchait en raison de leur relation précédente basée sur un modèle « père-fille ». Selon lui, leurs trente-cinq années d'écart et cette autorité naturelle seraient une des raisons du bon fonctionnement de leur mariage.

Mia Farrow n'a jamais revu sa fille Soon-Yi. Et il semblerait que le talent porte en lui une part d'impunité.

Amitié

L'infidélité en amitié fait couler beaucoup moins d'encre que l'infidélité en amour. Pourtant elle n'en exerce pas moins de ravages, et ce d'autant plus qu'elle n'est pas reconnue comme légitime, un « chagrin d'amitié » ne donne pas droit à la compassion, à la solidarité qu'on accorde au « chagrin d'amour ». Pourquoi ?

D'abord parce que l'amitié ne saurait prétendre à l'exclusivité, sinon elle devient suspecte. Tout au contraire elle préconise l'*inclusivité*, ne dit-on pas : « Les amis de nos amis sont nos amis » ? D'où une situation fréquente : Pierre est l'ami de Paul, Paul est l'ami de Marc, on convient d'une rencontre à trois et ne voilà-t-il pas que Pierre et Marc qui ne se connaissaient pas développent entre eux une amitié dont Paul n'est pas exclu mais dont il ne partage pas l'intensité. Pierre continue à fréquenter Paul, Marc continue à fréquenter Paul, parfois on se voit à trois mais Pierre et Marc se retrouvent plus souvent… À qui Paul se plaindrait-il ?

Un ami fidèle n'est pas forcément un ami loyal, c'est un ami assidu, le garant qu'on est bien toujours le même au-delà des vicissitudes du corps, du boulot ou du couple. Il peut au demeurant être indiscret, bavard, intrusif, radoteur ou pique-assiette.

Un ami infidèle n'est pas forcément déloyal. Il peut savoir garder des secrets et envoyer des cartes postales de ses voyages. Seulement il disparaît de temps à autre au gré de ses changements d'humeur, de partenaire amoureux, de conviction politique. C'est un ami à éclipses. Or la permanence est bien souvent perçue comme le critère de l'amitié, alors que ce n'est que son revêtement par l'habitude.

En fait la seule preuve qu'un ami soit fidèle c'est qu'il reste fidèle, même si on le néglige au profit d'autres amis, et que, lorsqu'on le rappelle après une période significative d'infidélité, il en manifeste davantage de joie que de reproche.

L'amitié soulève un autre questionnement. Lorsqu'un homme et une femme sont très amis, leur relation n'est-elle pas aussi à terme une infidélité à leurs couples respectifs ? Alors que le désir s'essouffle dans chaque relation, si la complicité avec un autre être est plus forte qu'avec son conjoint, est-il en droit d'être jaloux ? Combien de femmes préfèrent un homme qui les trompe une nuit, purement charnellement, à un homme qui passe des heures au téléphone avec une autre femme en riant ? Car il y a dans toute forme d'amitié un commerce charmant. Nous voulons séduire avec notre esprit, même si ce n'est pas dans un but de consommation. Un vrai début d'histoire d'amour a toujours tendance à détruire les amitiés envahissantes…

Amour

La fidélité et l'amour sont liés de façon quasiment évidente dans nos sociétés judéo-chrétiennes. Pourtant la fidélité a été rapidement dictée par des contingences matérielles et a fait plier la morale sous son joug. Avant les tests de paternité, il était impossible de savoir qui était le père d'un enfant. Aussi pour la pérennité de l'espèce, le maintien du lien filial, et des raisons purement matérielles et logiques de transmission, l'homme demandait fidélité à sa femme afin d'assurer sa descendance et en lui promettant en retour sa subsistance et celle de leur progéniture. Les mêmes raisons peuvent expliquer que la polygamie soit accordée seulement aux hommes. Il est difficile de savoir si ce sentiment de possession est culturel ou inné. Je me souviens dans la cour de l'école de deux petites copines qui se partageaient joyeusement un amoureux, tandis que j'ai toujours voulu garder le mien juste pour moi.

Comment se fait-il que ce que l'on explique parfaitement de l'amour parental à la naissance du second enfant – « Mon cœur ne se divise pas, il s'agrandit... » – ne puisse s'appliquer à l'amour conjugal ? Il serait intéressant de mener une étude sur la capacité des aînés à supporter une infidélité et sur le nombre de cadettes éplorées qui attendent qu'un homme marié quitte leur femme pour elles.

Plus on se connaît, plus l'amour augmente et le désir décroît, c'est de cette contradiction que naît la question de l'infidélité.

On peut y accoler immédiatement une autre définition. Celle de l'amour-propre.

J'écris ce livre parce que je veux croire en l'amour. Et je veux croire en l'amour ringard, celui des contes où ils vécurent heureux et eurent de nombreux enfants. La vie ne m'y aide pas, mais l'endoctrinement de mon enfance persiste quelque part dans mon cerveau reptilien.

Amour-propre

Où commence l'égoïsme ? Où s'arrête la dignité ? Comment se mesure la prétention ? La vanité est-elle un défaut ou une qualité ? L'orgueil est-il à toute épreuve ? Trouve-t-on dans le commerce des remèdes à la susceptibilité ?

L'inventaire des questions qui nous taraudent et auxquelles on cherche inlassablement les réponses quand on est amoureux puis trompé est sans fin...

Il a été scientifiquement prouvé au cours d'une étude mondiale et pluriséculaire menée par les plus grands philosophes, artistes, psychanalystes, juges aux affaires familiales, coiffeurs et autres barmen, qu'en cas de blessure d'amour, c'est d'abord l'estime de soi qui est atteinte.

« Comment a-t-il (elle) pu me faire ça *à moi* ? »

Voilà au fond la vraie question que l'on se pose en soliloquant derrière un bar un énième verre à la main, ou bien encore allongé sur le divan d'un docteur barbu qui ne répond pas avec des mots, ou la tête sous un casque à bigoudis en vérifiant sur papier glacé que chez les autres c'est bien la même chose (ouf !), ou pire roulé en boule sous sa couette en écoutant une musique triste et en mangeant une glace à même le pot.

C'est vrai, quand on apprend qu'on a été trompé, c'est d'abord un choc. Celui de découvrir qu'on n'était pas le centre du monde... de l'autre ! Pas l'unique objet de son désir. En tout cas, pas tout le temps.

Car cet amour-propre n'a rien à voir avec l'hygiène : c'est l'amour de soi. D'après Jean-Jacques Rousseau qui a adoré décortiquer ce concept de façon philosophique, l'amour-propre, c'est même plus encore l'amour de soi dans le regard des autres. C'est donc bien lui, l'amour-propre, qui se retrouve sali quand l'autre nous trompe et nous trahit.

Alors quoi de plus difficile quand on est meurtri par la trahison de se dire que l'autre n'a finalement peut-être pas agi en fonction de soi, ou contre soi... ? À ce moment-là, bien précis, le coup de canif dans le contrat, c'est en plein cœur qu'on le ressent.

Ce qui est étonnant, c'est que l'origine de l'infidélité vient souvent d'un manque de confiance en soi de la part de celui qui trompe et qui veut combler un amour-propre défaillant. On va chercher de l'amour pour réussir à s'aimer, soi. C'est ensuite une compétition d'ego détruits qui tentent de cohabiter et c'est pourquoi il est très dur de se relever après cela. Il n'y a pas forcément de bourreau ni de victime, il y a des êtres humains dépassés par leurs pulsions et leurs sentiments.

La plupart des gens veulent savoir avec qui leur « moitié » les a trompés : si c'est un être bien moins doté de qualités qu'eux, viendront l'effondrement et un véritable questionnement : pourquoi ? Si c'est avec une personne qui les ridiculise, intellectuellement ou physiquement, ce sera un mélange de flatterie et de douleur. Le tout menant à la même chose : une faille narcissique qui mettra des années à se refermer et dont la cicatrice sera toujours là, fragile.

Pour ma part, j'ai eu des réactions très différentes face à la tromperie. Parfois je me disais que je n'étais pas assez bien pour l'homme avec lequel j'étais et je me fustigeais, en partant la première je sauvais ce qu'il me restait d'amour-propre. D'autres fois, je mettais justement une petite armure sur cet amour-propre en me disant qu'il n'avait pas su voir qui j'étais et qu'il ne me méritait pas.

En tout état de cause, il n'y a pas de trahison qui ne fasse pas souffrir et ne remette pas en question nos mécanismes profonds. Ils réveillent la façon dont on a été aimé ou pas par nos parents.

On s'offense et se blesse à la hauteur de ce qu'on a été flatté. Et inversement. Alors, même si on a eu du mal à croire que ça arriverait, un jour on se réveille guéri et apaisé. On est réparé.

Et une fois raccommodés, le cœur et l'esprit sont prêts à repartir de plus belle, soudés comme jamais, sûrs d'eux et prêts à s'emballer, à aimer, à chérir, à désirer… Et à souffrir de nouveau !

Andromaque

« Quoi donc ? As-tu pensé qu'Andromaque infidèle pût trahir un époux qui croit revivre en elle. » Andromaque ou la fidélité au disparu. Combien de temps doit-on rester fidèle à un défunt, à une idée, à une promesse ? Il y a de toute évidence une durée tacite qui répond à cette question et varie selon les civilisations, les cultures et même les classes sociales. Dans la Bible et dans le Coran, il est dit qu'une femme qui perd son mari doit épouser le frère de celui-ci lorsqu'il n'a pas d'enfant. Et ce, dans le but de poursuivre cette lignée. La femme du colonel Chabert était-elle infidèle puisqu'elle le croyait mort ? (Elle refusera d'admettre qu'il soit vivant et lui préférera sa pension de veuve de héros de guerre.) Pénélope ne s'en arrange pas et attendra Ulysse pendant vingt ans. Elle avait accepté de reprendre un époux une fois qu'elle aurait fini sa tapisserie, mais elle défaisait la nuit ce qu'elle avait tissé le jour et par cette astuce put patienter jusqu'au retour de son cher et tendre. Pénélope est le synonyme de l'épouse fidèle.

Andromaque est l'illustration des amours impossibles, chacun aimant celui qui ne peut lui rendre son affection. Hermione refuse les élans d'Oreste car son cœur bat pour Pyrrhus qui attend qu'Andromaque se débarrasse du souvenir de son mari Hector tué pendant la guerre de Troie. Faire le deuil, c'est cesser d'être amoureux d'un souvenir.

Anna Karénine

Ou l'amour coupable... Ce roman fut maintes fois comparé à celui de Flaubert *Madame Bovary*. Deux femmes romantiques et tourmentées. Mais Anna Karénine est sans doute l'héroïne la plus moderne et subversive du XIXe siècle, ne serait-ce que parce qu'elle semble être la première à avoir délibérément choisi d'abandonner son mari, son enfant et sa position sociale pour vivre au grand jour une histoire d'amour passionnelle et sans confort. Alors qu'Emma Bovary semble la plupart du temps subir son destin, l'héroïne de Tolstoï bouscule les codes sociaux. Lorsqu'elle quitte Alexis Karénine, austère et bienséant, pour le sulfureux comte Vronski, c'est tout le romanesque de la tradition russe qui est en place, on casse les verres après avoir bu, tout est grandiose, tout est spectaculaire. Là où Emma est noyée dans le romantisme et la douleur intérieure, Anna claque la porte et fait du bruit. La belle Anna finit pourtant par réaliser que l'amour ne suffit pas, qu'il lui faut exister dans le monde et qu'on lui refuse désormais l'accès aux joies de la société. Elle doit payer le prix de la trahison, des nuits d'amour aux côtés de son bel amant. Sa provocation et ce qu'elle suscite de bruissements et d'envie ont un prix et la font sombrer dans une grande mélancolie. Peu à peu, on lui tourne le dos, elle n'est plus reçue chez personne et bascule dans la cocaïnomanie et la neurasthénie. Anna qui est paralysée par son choix, figée comme une statue, se jette sous un train.

Sans doute parce qu'elle découvre que l'amour qu'elle plaçait au-dessus de toute autre chose n'est pas suffisant au bonheur. Ce désenchantement est partout et tache de chagrin chaque moment simple qu'elle vit, tentant d'y recréer la fougue, entretenant une jalousie et des inquiétudes fictives. Céder à la passion serait donc la meilleure façon de l'éteindre : soit on court au désespoir, soit on tente de la retrouver et l'on se jette au cou d'un autre et d'un autre encore avec, comme la cocaïne, de moins en moins d'effet.

C'est aussi une allégorie de la lutte des classes où l'argent et la possibilité de choisir anéantissent la tranquillité de la vie et du couple. Pour Vronski :

« Les gens de son monde divisent l'humanité en deux catégories opposées. La première, tourbe insipide, sotte et surtout ridicule, s'imagine que les maris doivent être fidèles à leur femme, les jeunes filles pures, les femmes chastes, les hommes courageux, fermes et tempérants, qu'il faut élever ses enfants, gagner sa vie, payer ses dettes, et autres fariboles : c'est le vieux jeu. La seconde au contraire – le “gratin” auquel ils se vantent tous d'appartenir – prise l'élégance, la générosité, l'audace, la bonne humeur, s'abandonne sans vergogne à toutes ses passions et se moque du reste. »

Derrière l'amoralité d'*Anna Karénine* se cache en fait une leçon de morale, la chrétienté teinte l'œuvre de ses leçons : il faut expier ses fautes. Aller à l'encontre de la morale et parler d'un destin qui sorte d'un chemin tel que le voudrait la bienséance, c'est appeler le malheur sur soi. Il n'y a pas de passion qu'on ne paie pas. Tolstoï en pleine crise mystique lors de l'écriture dirigera dès lors son œuvre et sa vie vers de plus en plus de simplicité, une obsession du dénuement, allégorie du « véritable » christianisme.

Aphrodite
(Vénus chez les romains)

Aphrodite est née après que le fil d'Ouranos, dieu du Ciel et de la Vie s'est fait mutiler les parties génitales par son fils Cronos (une famille sans histoires...) Quel symbole ! Le Temps qui coupe le sexe de la Vie. Des gouttes de sang coulèrent de la blessure dans la mer et donnèrent naissance à plusieurs divinités, dont Aphrodite. Son nom vient d'*aphros* qui se traduit par « écume ». Selon Homère, elle serait la fille de Zeus et de Dioné.

Aphrodite est la déesse de la Beauté, de l'Amour, du Plaisir et de la Procréation. On voit à quel point l'amour et la beauté ont toujours été mêlés, l'amour et le désir donc... Aphrodite, qui fait partie des douze grands dieux olympiens, n'a pas fait que le susciter, infidèle parmi les infidèles, grande amoureuse mais à répétition, Aphrodite est l'incarnation de la volupté.

Il est étonnant de constater que les déesses antiques de l'Amour, loin de porter en étendard ce grand fantasme de l'amour absolu et unique qui dure toute une vie, ont plutôt des destins d'héroïnes de telenovelas.

Arès, qui rejoignait Aphrodite dans sa couche la nuit, demandait au jeune éphèbe Alectryon de surveiller la porte et de le réveiller avant le lever du soleil. Celui-ci faillit un jour à sa tâche et les amants furent surpris par Héphaïstos, l'époux de la déesse. Le mari trompé et humilié les enferma dans un filet de mailles d'or indestructible pour les exposer nus aux quolibets des Immortels de passage.

Mais Aphrodite nue n'appelle pas qu'à la moquerie, aussi le dieu de la Mer négocia-t-il la libération des amants avec pour récompense un enfant de la déesse de l'Amour.

Elle eut aussi une courte liaison avec Dionysos qui donna naissance à un fils, Priape. Héra, épouse de Zeus et déesse du Mariage légitime, punira Aphrodite de son comportement volage en jetant un terrible sort au pauvre Priape pour qu'il soit laid et doté d'un phallus démesuré. Qui a donné naissance au mot « priapisme ».

Hermès, fils de Zeus, séduisit la déesse en retrouvant une de ses sandales qui lui avait été dérobée par l'aigle de son père. De cette aventure naîtra un fils, du nom d'Hermaphrodite, que son extrême beauté trahira. (Je pense qu'en tant que déesse elle avait des enfants en moins de neuf mois... Sinon elle aura passé sa vie enceinte.)

Zeus lui-même aura les sens déboussolés par la déesse, qui l'incitera à s'éprendre de femmes mortelles. Pour se venger, il inspira à son tour à la déesse le désir de s'unir à un mortel. Aphrodite fut donc prise d'une passion folle pour Anchise, le fondateur de Troie. Elle se fit passer pour la fille d'Otrée, roi de Phrygie, afin de le séduire. Ce n'est qu'au réveil qu'elle lui révéla sa vraie nature. Celui-ci fut effrayé d'être condamné à une vieillesse prématurée comme tout mortel ayant connu l'amour charnel avec une déesse. Elle le rassura et lui annonça qu'un fils allait naître de leur nuit passionnée, mais lui fit promettre d'en garder le secret. Anchise, gonflé d'orgueil ne put tenir sa langue. Zeus le punit par la foudre qui, par chance, ne le blessa que légèrement.

Aphrodite avait déjà jeté son dévolu sur un autre homme : Boutès, membre de l'expédition des Argonautes et fils de Téléon, qu'elle sauva de la noyade. Il avait plongé dans la mer, envoûté par le chant des Sirènes. Aphrodite l'emmena en Sicile pour en faire son amant. Elle aura deux enfants de lui : Elyx et Polycaon.

La déesse eut également une aventure avec Cinyras, fils d'Apollon, roi de Chypre, dieu de la beauté et inventeur des arts et des instruments de musique. Lorsque son épouse Cenchréis déclara que leur fille Myrrha était plus belle que la maîtresse de son mari, Aphrodite, emportée par la jalousie, punit Cenchréis, et jeta un sort à Myrrha qui tomba folle amoureuse de son propre père. En se masquant, Myrrha parvint à consommer cet amour incestueux, à l'insu de celui-ci. Submergée par la honte et menacée de mort par son père bafoué, elle demanda aux dieux de lui offrir l'invisibilité et ils la changèrent en arbre à myrrhe. Quelques mois plus tard, l'arbre s'ouvrit, révélant Adonis, l'enfant de cette relation contre nature.

Les trois déesses Aphrodite, Héra et Athéna débattant sur leurs charmes organisèrent un jour un concours de beauté et choisirent comme juge Pâris, fils cadet du roi de Troie, qui gardait ses troupeaux sur le mont Ida. Se présentant toutes nues, elles lui demandèrent son avis. Pour influencer son choix, chacune promit un cadeau : Athéna la gloire des guerriers, Héra la souveraineté sur l'Europe et l'Asie, et Aphrodite l'amour et la main de la plus belle des femmes mortelles. Pâris choisit Aphrodite. Alors qu'il était ambassadeur en Grèce quelque temps plus tard, Pâris tomba en émoi devant la beauté de l'épouse du roi de Sparte, Hélène, considérée comme la plus belle femme du monde. Grâce à l'intervention d'Aphrodite qui tint sa promesse, Hélène tomba folle amoureuse du beau Troyen. Il en profita pour enlever la beauté et voler le trésor du souverain de Sparte, Ménélas, qui s'était absenté pour se rendre aux obsèques de son grand-père. Commencèrent alors de longues négociations entre Grecs et Troyens pour récupérer Hélène mais elles échouèrent, précipitant les deux pays dans la fameuse guerre de Troie.

L'amour et la guerre donc, toujours...

Aragon et Elsa Triolet

Elsa Kagan est née à la fin du XIXe siècle dans une riche famille juive moscovite. Élevée dans un monde intellectuel et ouvert, elle fréquente les artistes russes et rêve de poésie dont elle parle avec le grand Maïakovski, le poète de la révolution d'Octobre. Elsa baigne dans une modernité qui lui permet d'envisager un destin. Elle n'est pas qu'une femme. Avant de se marier avec un officier du nom de Triolet, elle a d'ailleurs plusieurs amants qu'elle échange parfois avec sa sœur adorée Lily, qui finira par épouser Maïakovski.

Après une multitude de voyages avec son mari, et un premier roman dans sa langue maternelle, Elsa divorce mais garde son nouveau patronyme et va s'installer en France. C'est là, alors qu'elle écrit de plus en plus et sait se faire apprécier du milieu littéraire parisien, qu'elle rencontre, au bar de La Coupole, l'homme de sa vie : Louis Aragon.

Louis a connu une enfance moins heureuse. Il a appris tard que sa mère est celle qu'on lui a désignée comme sa grande sœur et que son père n'est autre que son parrain – et ne s'en remettra pas. C'est sans doute sa « faille originelle », ce qui lui a valu de ne pouvoir accepter ce qu'il était. À la fin de sa vie d'ailleurs, en 1970, Aragon est filmé avec une sorte de masque de lumière qui cache ce qu'il appelle son « vieux visage ». Ce masque, il l'a sans doute porté toute son existence.

En effet, malgré l'amour fou qu'il porte à Elsa, Louis Aragon couche avec de jeunes hommes. Elsa, la muse, va avouer dans des missives tardives lui en vouloir de ne pas l'aimer charnellement comme elle l'aurait voulu. Sans doute s'est-elle imaginé que la puissance de leurs sentiments ou l'admiration qu'il lui portait feraient naître le désir. En vain.

Aragon lui aura dédié des bijoux en mots, poèmes et romans : *Les Yeux d'Elsa*, *Le Fou d'Elsa*, *Elsa*… Oui, il aura écrit son prénom, mais elle aurait voulu sa peau…

Comment lutter contre l'infidélité quand on nous préfère des êtres d'un autre sexe que le nôtre ? Elsa était la femme qu'il préférait mais elle n'était qu'une femme.

À la mort d'Elsa Triolet, Louis Aragon assumera pleinement son homosexualité.

Athènes

À Athènes, dans l'Antiquité, on autorisait la polygamie masculine de façon cadrée. En fait, il existait une gradation pour exprimer l'ordre d'importance des femmes.

Il y avait une seule épouse légitime. Puis la « maîtresse » pouvait posséder un statut si les rapports étaient considérés comme stables et honorables. (Elles étaient majoritairement des femmes libres d'origine étrangère ou trop pauvres et sans dot.) Avec cette reconnaissance de concubine, elle obtenait alors du chef de famille qu'il puisse lui faire des enfants « bâtards » ou même « légitimes », si l'épouse officielle était stérile. Elle était aussi aidée matériellement.

Le citoyen athénien avait le droit de tuer un homme qui coucherait aussi bien avec sa femme qu'avec sa concubine. Elles étaient siennes. *A priori*, les hommes étaient donc assez libres d'aimer qui bon il leur semblait.

Pour se distraire, un homme pouvait faire appel aux « hétaïres », souvent étrangères, fardées, cultivées, qui dansaient et jouaient de la flûte. Mais attention ! Elles n'étaient pas des prostituées, leurs charmes pouvaient les laisser aspirer à une forme d'ascension sociale, et il leur était possible d'acheter leur liberté. L'adultère avec une esclave était, lui, autorisé et banalisé.

Pourtant, il était interdit à un homme de séduire l'épouse « libre » d'un autre homme, cela était considéré comme un adultère aux conséquences graves. Évidemment, c'était une façon d'emprisonner les femmes mariées plus que d'enlever un avantage aux hommes.

La femme adultère était répudiée immédiatement. Jugée par les tribunaux de la cité, sa punition était de vivre à jamais rejetée. On avait le droit de la frapper et de déchirer ses vêtements, sans toutefois aller jusqu'à la tuer.

Avouer

« N'avoue jamais, jamais, jamais ! » Les paroles de la fameuse chanson de Guy Mardel devraient s'appliquer à tous ceux qui trompent leur conjoint. Le mot d'ordre de la confrérie des infidèles est : « Tu nies en bloc. »

Mais il arrive que les remords soient trop grands…

Pire, j'ai entendu quelqu'un m'expliquer qu'il était amoureux de sa maîtresse et qu'il avait un besoin fou de le partager avec sa plus grande complice, sa meilleure amie : sa femme.

Je pense que la « faute avouée est à moitié pardonnée » ne s'applique pas dans ce cas précis. On avoue souvent par égoïsme d'ailleurs, pour soulager sa conscience ou comme un dernier électrochoc pour tenter de sauver son couple. Pour partager la responsabilité et faire comprendre à notre partenaire que, si on est allé voir ailleurs, c'est sans doute parce qu'il avait démissionné en partie de notre histoire. Pour soulager sa conscience et presque partager la culpabilité. La seule chose à avouer, c'est son innocence.

B

Batard

L'enfant adultérin, fruit de la tromperie.

Dans la religion juive, il est appelé *mamzer*, il ne porte ce nom que s'il est issu d'un adultère « juif » et ne pourra se marier qu'avec une *mamzereth*. C'est sa seule interdiction. Pour le reste, il est considéré comme tous les autres juifs. Aux yeux des chrétiens en revanche (Deutéronome 23.2), il n'entrera point dans l'assemblée de l'Éternel, jusqu'à la dixième génération.

Les enfants incestueux et adultérins sont sous les mêmes malédictions que les bâtards. Ce sont des enfants nés d'unions illicites comme l'inceste, l'adultère, la prostitution, la fornication, le concubinage. Dixième génération : le nombre dix est celui de la consommation, de la responsabilité. À la onzième génération, ils peuvent de nouveau entrer dans l'assemblée de l'Éternel. Cela veut dire, pas de baptême, pas de mariage si cela se sait dans l'assemblée des hommes... Et comme Dieu sait tout, même ceux qui ne sont pas désignés comme tels se verront fermer les portes du Paradis...

Le mot utilisé dans le Coran est *zanim* qui veut seulement dire « enfant adultérin » ou « celui qui s'attribue un père qui n'est pas le sien ».

La coutume et l'islam sont ici d'accord : on croit que jamais un bâtard ne pourra entrer au Paradis, quels que soient ses mérites ; il ne peut prétendre qu'à une sorte de Purgatoire, *laarafi*. Traiter quelqu'un de bâtard est presque aussi injurieux que de le traiter de sorcier ou d'incirconcis.

Ces sentiments sont assez forts pour pousser des filles mères à l'infanticide, avec la complicité des Anciens.

Chez les bouddhistes, le « crâne d'un bâtard » de sept ou huit ans né d'une union incestueuse est considéré comme ayant un grand pouvoir dans certains rituels tantriques. Là, la force vitale, ou potentiel du « précédent possesseur » du crâne, est incarnée dans l'os : il s'agit pour le gourou d'aider un individu à concentrer en lui les deux pôles des désirs, masculins et féminins.

Plusieurs bâtards ont eu de belles destinées... Charles Martel, sauveur de la France en 732, était considéré comme illégitime aux yeux de l'épouse de son père, Pépin le Jeune. À la mort de celui-ci, ses demi-frères étant disparus également, il fut enfermé par sa belle-mère Plectrude pour ne pas revendiquer le trône de maire du palais d'Austrasie. Il s'échappa et parvint à rallier autour de lui les déçus du royaume, et à conquérir le pouvoir. Il est le symbole de la revanche du fils mal aimé, du bâtard mis sur le côté. Je pense qu'il a servi d'inspiration pour le personnage de Jon Snow dans la fameuse série d'HBO, *Game of Thrones.*

Leonardo di ser Piero, dit Leonardo da Vinci, et né en avril 1452 à Vinci, petite ville de Toscane proche de Florence, des amours illégitimes d'un notaire, ser Piero, et d'une paysanne. L'esprit universaliste de la Renaissance est un enfant qui n'est pas né dans un schéma traditionnel ? Peut-être qu'envisager la vie sous des axes différents, voire opposés, parce qu'il était né entre deux mondes – et même un troisième, celui du secret –, lui aura permis cette géniale inventivité ?

T. E. Lawrence, le célèbre Lawrence d'Arabie, écrivain, aventurier, archéologue, avait des parents d'ascendance anglaise et irlandaise. Son père, Thomas Chapman, septième baronnet de Westmeath, en Irlande, avait quitté sa femme pour vivre avec la gouvernante de ses filles, Sarah Junner, qui portait aussi le nom de son père illégitime, Lawrence Thomas Edward Lawrence… Jude Law n'est donc en rien original en couchant avec la baby-sitter !

Eva Perón, quant à elle, avant de devenir la célèbre Evita, est née dans une sorte de famille *bis*. Comme beaucoup d'hommes d'un milieu social élevé en Argentine avant les années 1940, son père avait une compagne illégitime et d'autres enfants hors mariage. À sa mort prématurée, il laissa donc sa famille *bis* sans ressources, précipitant sûrement Eva à quinze ans dans le métier d'actrice qui sera le point de départ de son destin incroyable. Ici, son ascendance n'a pas choqué, puisqu'elle est quasiment sanctifiée aujourd'hui par la classe populaire argentine pourtant très catholique.

Bible

Jésus met l'homme et la femme au même niveau devant le péché : « Tout homme qui regarde la femme d'un autre pour la désirer a déjà commis l'adultère avec elle dans son cœur » (Matthieu, V, 27). Il pardonne cependant la femme adultère et lui demande de ne plus pécher, convainquant les Pharisiens de ne pas la lapider.

Il affirme aussi la monogamie et la stabilité comme un modèle absolu. « Moïse vous a permis de répudier vos femmes parce que vous avez le cœur dur. Mais au commencement il n'en était pas ainsi. Je vous le déclare, si un homme renvoie sa femme alors qu'elle n'a pas été infidèle et se marie avec un autre, alors il commet un adultère » (Matthieu, XIX, 8-10).

Dieu a créé les hommes pour remplacer les anges déchus et ceux-ci se doivent d'être purs pour atteindre un paradis de virginité et d'innocence.

Bovarysme

Le bovarysme est le choc du fantasme romantique confronté à la réalité qui renvoie à la désillusion et à la mélancolie. Emma Bovary, l'héroïne de Flaubert, vit entre les lignes des romans qui noient son quotidien sous des rêves niais. Son envie de fuir sa vie au lieu de l'améliorer la mène à l'insatisfaction perpétuelle. L'histoire semble être le décor de la banalité, et c'est en cela qu'elle est universelle : Emma Rouault, jeune fille issue de la haute bourgeoisie de campagne, élevée dans un couvent, épouse Charles Bovary, un officier de médecine. Elle s'ennuie profondément mais trouve le moyen d'échapper à sa vie monotone grâce à la lecture de romans à la Walter Scott. Quand le couple décide de déménager à Yonville, Emma reprend un peu goût à la vie, avec la rencontre de personnalités locales. À travers différentes relations adultères, avec le libertin Rodolphe Boulanger et Léon Dupuis, clerc de notaire, Emma se plaît à imaginer une issue romantique à sa vie. Elle devient pathétique et ridicule aux yeux de ses amants, à cause de son sentimentalisme exacerbé. Après la naissance de sa fille Berthe, qu'elle n'arrive pas à apprécier, les désillusions d'Emma rendent la réalité de son existence de plus en plus difficile à supporter. Elle ne ressent plus rien pour son mari Charles, pourtant le seul homme qui l'aime vraiment. Elle se met à dépenser des sommes folles chez M. Lheureux, le marchand d'étoffes, contractant trop de dettes qu'elle n'est pas en mesure de rembourser. Après le refus de ses amants de l'aider financièrement, elle comprend que l'homme dont elle rêve n'existe pas, et sombre dans un profond désespoir qui la conduit au suicide. Charles meurt à son tour, noyé par son chagrin. Leur fille Berthe se voit confier à une tante de condition très modeste.

Ce personnage féminin présente une pathologie si fréquente qu'elle est devenue un substantif. Le bovarysme est un trait relativement féminin. Là où les hommes empoignent, les femmes rougissent et rêvent d'être empoignées. C'est bien plus délicieux. Il faut noter que le tort premier de Madame Bovary est de lire de « mauvais livres » d'après sa belle-mère, un défaut qu'avait déjà Julie de Chastillon dans *La Femme de trente ans* et Balzac lui fait vivre le même châtiment de chagrin conjugal. Les mauvais romans mèneraient donc à une vie d'ennui, sinon aux adultères médiocres…

Bronzés (Les)

Film culte de la troupe du Splendid réalisé par Patrice Leconte, sorti en 1978, qui raconte l'histoire d'une bande de vacanciers dans un hôtel sur le modèle du Club Méditerranée naissant en ces années. Adaptation de la pièce de boulevard à succès *Amours, coquillages et crustacés*, le film est non seulement truffé de répliques devenues cultes avec le temps mais un vrai portrait sociologique de l'époque.

Ce vivier qu'était le « club de vacances » est une sorte de projection anticipée de ce que seront, quelques décennies plus tard, les sites de rencontre sur Internet, en fait la multiplication des possibles, l'éventail du désir que l'on peut concrétiser.

Ainsi dans le film, Gigi cherche un homme pour une relation sérieuse… Christiane l'esthéticienne est là pour prendre du bon temps. Jean-Claude Dusse voudrait juste qu'on daigne le regarder et qu'on lui touche ne serait-ce que la main. Popeye, le GO incarné par Thierry Lhermitte, est marié mais sa femme ne vit pas dans le village. Quand il apprend qu'elle l'a trompé, il est bouleversé et pleure dans les bras de Christiane, seule femme qu'il ne se soit pas tapée, et c'est chose faite dix minutes après...

Balasko et Jugnot incarnent un couple qui se retrouve en se rendant jaloux, c'est l'adultère et le désir des autres qui vont leur apprendre à se regarder de nouveau.

— J'ai eu des regards avec une nana, à mon avis, y aura des ouvertures.

— Ah oui, tu penses à ma femme ?

— Non, pourquoi, elle pense à moi, ta femme ?

Questionnement précurseur sur les rencontres (« on a beau dire, en couple les rencontres se font moins facilement »), ce film annonce un changement générationnel certain, la réinvention du couple et de son modèle social après la folie soixante-huitarde qui a donné un coup de pied dans la vision du mariage traditionnel et de ses obligations.

C

Camilla Parker Bowles

Le prince Charles rencontre Camilla Shand en 1970, lors d'un match de polo à Windsor. La légende veut que la première phrase de la jeune femme ait été : « Mon arrière-grand-mère et votre arrière-arrière-grand-père étaient amants. » Est-ce que la jeune fille de vingt-trois ans apprend au prince la relation du roi Edward VII avec son aïeule Alice Keppel ? Que lui a-t-il répondu ? Nul ne le sait, mais il tombe fou amoureux de celle qui restera le grand amour de sa vie. Elle n'est pas la plus jolie mais elle a cet irrésistible humour anglais pince-sans-rire et une folle confiance en elle.

Cependant, la loi du royaume est cruelle et l'idylle ne dure pas, car la jeune femme est une roturière et ne plaît pas à la reine mère. Le prince héritier est envoyé par la Royal Navy faire ses classes au large des Caraïbes. À son retour en 1973, Camilla est mariée, au grand désespoir de Charles. Elle a dit oui au major Andrew Parker Bowles, de surcroît camarade de polo du prince. Elle aura deux enfants avec celui-ci. Le prince Charles, dépité, multiplie les liaisons, mais à la trentaine passée, la reine exige de son fils qu'il se marie.

C'est Camilla, restée sa plus proche confidente – et sa maîtresse, car il semblerait que ces deux-là n'aient jamais cessé de s'aimer –, qui le pousse à prendre pour épouse l'aristocrate de dix-neuf ans, Diana Spencer, assistante au jardin d'enfants Young England de Knightsbridge.

Charles et Camilla se retrouvent en cachette et se sont attribué les surnoms de Gladys et Fred. On dit que, à la veille de son mariage avec Diana, Charles aurait envoyé à Camilla un bracelet frappé des initiales de leurs pseudonymes d'amants terribles, G&F.

Après la naissance de son fils aîné le prince William, Diana sombre dans une dépression ponctuée de tentatives de suicide. Elle dira dans une interview accordée à la BBC, en 1995, et qui fera scandale : « Nous étions trois dans ce mariage… C'était un peu trop. » Le prince Charles aurait même lancé à Diana au cours d'une dispute, en 1989 : « Tu t'attendais sérieusement à ce que je sois le premier prince de Galles dans l'histoire à ne pas avoir de maîtresse ? » Diana aura par la suite plusieurs amants comme son professeur d'équitation, James Hewitt, un de ses gardes du corps, ou encore Oliver Hoare, marchand d'art lui-même marié.

La princesse Diana et le prince Charles se sépareront en 1992 (le divorce sera prononcé en 1996), l'année où le scandale du « Camillagate » fait la une des tabloïds britanniques. Les conversations téléphoniques privées enregistrées à l'insu de Camilla et de Charles dans les années 1980 fuitent dans la presse.

Charles. — Oh, mon Dieu ! je voudrais vivre caché dans ton pantalon, ou quelque chose comme ça, ce serait beaucoup plus facile de te voir !

Camilla. — Que vas-tu faire, te transformer en culotte ?

Charles. — Ou bien – Dieu me pardonne – en Tampax !

Camilla. — Tu es un idiot... Oh, quelle merveilleuse idée !

Camilla divorce en 1995. Sa relation avec le prince Charles ne sera officialisée qu'en 1999, deux ans après la mort de Diana. Elle épouse en secondes noces le prince Charles en 2005 et devient « duchesse de Cornouailles ».

La maîtresse haïe par les Anglais s'avère être un amour véritable.

Candaulisme

On raconte plusieurs histoires pour expliquer la naissance du mot « candaulisme », toutes étant attribuées au roi semi-légendaire Candaule, qui aurait régné sur Libye au VIIIe siècle avant J.-C.

D'après Hérodote, Candaule se serait fait voler à la fois son épouse et son trône par son conseiller le plus proche. Le roi voulait prouver que la beauté de sa femme était sans pareille et il demanda à l'officier Gygès de l'épier afin de le confirmer. Mais la reine comprit qu'elle était espionnée et, blessée que son mari ose la partager, peu importe le prétexte, demanda à Gygès de tuer le roi, de prendre le pouvoir à sa place et de l'épouser. D'autres racontent que c'est Candaule qui a fait assassiner sa femme car celle-ci refusait de se promener nue au milieu de ses soldats…

On l'a compris, même si toutes les fins sont tragiques, l'histoire en elle même ramène systématiquement au désir d'un homme que d'autres regardent l'objet de son désir.

À partir du XVIIe siècle, le candaulisme devint un sujet de fables plutôt légères et érotiques et un prétexte tout trouvé pour un artiste de représenter un corps nu. Le candaulisme désigne donc la pratique amoureuse qui consiste à offrir à la vue d'autrui le corps de son ou sa partenaire ou à l'observer avoir des rapports sexuels avec une ou plusieurs personnes et à en tirer du plaisir. Notons que, puisqu'elle suppose la présence d'au moins trois personnes, sa pratique ne manque pas de rappeler celle de l'échangisme. Cependant le candaulisme n'indique pas un échange, si ce n'est celui du désir. Cela ressemble à une forme de voyeurisme mis en scène : le voyeur regarde le voyeur...

Freud pensait que c'était l'apanage de quelques personnes effrayées ou juste incapables de vivre des rapports sexuels. Mais il n'en est rien, ce mécanisme érotique est plus fréquent qu'on ne l'imagine. Et certains prennent du plaisir en voyant dans une soirée les yeux attirés par leur femme. Comme si l'approbation de son propre désir par autrui le glorifiait. Le candaulisme peut ainsi être le moyen de retomber amoureux de son partenaire par le biais du désir fantasmatique d'autrui.

Il arrive aussi que le candaulisme copine avec le sadomasochisme, lorsque celui-ci suppose que l'une des personnes ressorte humiliée de cette expérience ; comme le décrivit l'écrivain Leopold von Sacher-Masoch qui, relatant son expérience dans son autobiographie romancée de 1870, *La Vénus à la fourrure*, explique qu'il a tout mis en œuvre pour être trompé par sa bien-aimée avec un homme plus beau et plus fort que lui sous son regard. Il se fera passer pour un laquais et finira brisé.

Catholicisme

Il m'a toujours paru étonnant de dissocier Dieu et le plaisir. De parvenir à ce que les hommes rêvent d'accéder au paradis tout en attribuant à l'enfer ce qu'il y a de plus délicieux : le sexe, la médisance et les babas au rhum. C'est pourtant ce que le catholicisme a réussi à créer admirablement.

La chasteté est le modèle de vertu par lequel les gens d'Église sont supposés atteindre Dieu : le renoncement au plaisir sous toutes ses formes.

Se faire du bien, c'est pécher.

Depuis saint Paul, la virginité symbolise la pureté absolue. La sexualité est devenue luxure. Le péché originel est celui de la chair. Le désir jaillit comme le diable et n'a de sens que dans un but reproductif. D'ailleurs les diables sont sexués alors que les anges n'ont même pas de genre, le bien ne se soucie pas de cela.

Les règles morales apparues avec le christianisme perdurent depuis des siècles. La femme tentatrice est l'instrument du Diable auquel il faut résister.

L'adultère commence dès que l'on désire un autre que son conjoint. Le divorce est interdit avant toute chose car il détruit l'ordre de la cellule familiale et crée le chaos. Comment faire donc quand l'un des époux commet l'adultère ? Eh bien, il faut trouver la force de pardonner…

Les catholiques pratiquants mais de la jeune génération demandent une sorte de « droit à l'essai » avant de se marier… Mais le pape fait la sourde oreille.

Saint Paul a défini trois types de pécheurs esclaves de la chair qui ne pourront entrer au Royaume des Cieux. *Fornicarii* (les fornicateurs), *adulteri* (les adultères), *molles* (onanistes, homos)…

Ça ne doit pas être surpeuplé au Paradis.

César et Rosalie

Ce grand classique du cinéma français, coécrit par Jean-Loup Dabadie et son réalisateur Claude Sautet en 1972, dont l'action nous promène entre Paris, Sète et Noirmoutier, aurait pu en réalité s'appeler « César, Rosalie et David ». Dans l'absence de ce troisième nom, plane l'écrasante peur invisible, capable de foudroyer un couple : l'autre.

Rosalie, interprétée par la sublime Romy Schneider, aime profondément César, l'impétueux, dont le rôle est tenu par un Montand au sommet de son art et au mieux de sa forme. Mais la réapparition d'une figure du passé, le ténébreux David, un élégant dessinateur campé par Samy Frey, sème le trouble dans le couple de César et Rosalie.

César, haut en couleur, drôle, sanguin et possessif, et bien sûr très attachant, vit très mal le retour de ce mystérieux David dans la vie de Rosalie. Prêt à tout, même aux pires bassesses, il essaie par tous les moyens d'éloigner cet artiste sans le sou du regard de sa belle. Mais ni l'argent ni le pouvoir de César, ni même un cassage de gueule dans les règles de l'art n'empêcheront Rosalie de penser à David. Et David d'aimer Rosalie.

Rosalie se sent prise entre deux feux, prisonnière de ses désirs contradictoires. Fatiguée de cette situation et très fâchée contre César, elle finit par le quitter pour David, puis David pour César et finalement David et César puisqu'elle ne peut se résigner à choisir entre ces deux hommes si différents. César et David, abandonnés par Rosalie, unis dans le même chagrin d'amour, finissent par devenir les meilleurs amis du monde.

Dans ce film, à travers le prétexte de l'infidélité, il est question des sentiments, des rencontres et des hasards mais il est surtout question des choix, de ceux qu'on fait et de ceux qu'on ne fait pas. Et Rosalie, seule, porte le fardeau de son indécision et se pose la question que tout le monde s'est posée un jour : peut-on aimer deux personnes en même temps ?

Et surtout comment un même être peut-il associer le feu de la passion et les qualités qui font un bon conjoint ? Rosalie est confrontée de façon concrète à la bascule que fait le cœur en permanence : que choisir ? L'apaisement ou le danger ? C'est souvent l'impossibilité de rencontrer l'ensemble de ces éléments dans un même être qui mène à l'infidélité. En guise de conclusion, Rosalie adresse une lettre mythique à David, qui répond à cette vertigineuse interrogation :

« David,
César sera toujours César, et toi tu seras toujours David, qui m'emmène sans m'emporter, qui me tient sans me prendre et qui m'aime sans me vouloir... »

Pour l'anecdote, on peut ajouter que le film lui-même repose sur une histoire d'infidélité ! Le sixième film de Claude Sautet aurait dû être un de ses premiers, mais alors qu'il a écrit le scénario en 1964, aucun producteur n'était intéressé. Même Raymond Danon, son producteur attitré, n'en voulait pas ! C'est finalement Michelle de Broca qui a accepté de le produire huit ans plus tard, en 1972.

Claude Sautet pressentait initialement Catherine Deneuve pour le rôle de Rosalie, mais elle a tant tardé à s'engager qu'il lui a préféré Romy... Pour le rôle de César, c'est Vittorio Gassman qui était prévu, mais le jour où Sautet a croisé Montand, il est tombé sous son charme. Ce qui ne les a pas empêchés d'avoir une dispute mémorable le premier jour du tournage, installant un froid glacial entre eux. Pour David, Gérard Depardieu avait été présenté à Sautet qui l'avait trouvé formidable, mais trop éloigné du personnage. Il engage Samy Frey mais promet à Depardieu un rôle dans son prochain film. Cette fois, la fidélité a payé puisqu'ils se sont retrouvés pour tourner *Vincent, François, Paul… et les autres.*

Chine

Yi signifie à la fois la rectitude, le dévouement, et la fidélité à un homme ou à une cause. Le mot chinois veut dire littéralement « centrer son cœur ». La fidélité était considérée comme la troisième grande vertu dans le *Tao te King, Livre de la Voie et de la Vertu*, depuis la Chine classique. Avec la naissance du taoïsme et la propagation de l'enseignement confucéen, la fidélité devient une garantie du maintien de la civilisation et des bonnes relations entre les hommes.

On relate l'histoire de Guan Yu, général à l'époque des Trois Royaumes, qui finira canonisé comme dieu de la Guerre, et qui sert de modèle de dévouement. Après une défaite militaire, il accepte de se rendre seulement si on l'autorise à rejoindre son maître, pour pouvoir défendre les épouses de ce dernier. Cao Cao, chef ennemi, essaie alors toutes sortes de manœuvres pour le rallier à lui. Il l'invite à sa table, le traite avec tous les honneurs, lui offre son meilleur cheval et une robe brodée. Guan Yu est incorruptible et porte même cette robe sous celle de son vieux maître, qu'il finit par retrouver.

La fidélité à sa parole est donc considérée comme une vertu suprême jusqu'à la Chine moderne. Les hommes d'affaires occidentaux disent que les Chinois sont durs en affaires, mais qu'un « oui » équivaut à un accord. Les Chinois devenus prêtres ne sont pratiquement jamais revenus sur leur vœu.

En amour, la fidélité ne se manifeste pas seulement dans l'interdit de l'adultère, mais aussi dans la fidélité au mari défunt. Une jeune fille dont le fiancé meurt avant le mariage, et qui ne se marie pas durant le reste de sa vie, est considérée comme un modèle de vertu. Dans la littérature chinoise, l'amour idéal résiste au temps et aux épreuves. Il commence avec la vie commune ou la déclaration d'un amour réciproque. On célèbre les amoureux qui se battent contre des événements exceptionnels, ou dont les familles cherchent à les séparer. Les fiancés peuvent consommer avant leur mariage, tant qu'ils restent fidèles. Le donjuanisme est très mal vu et peut même être assimilé à un viol. La séduction n'est pas valorisée comme en Occident.

La fidélité existe dans l'ensemble des rapports humains, divisés en cinq catégories traditionnelles (*Wu lun*) : parent-enfant, seigneur-vassal, frère aîné-frère cadet, époux-épouse, amis-amis. L'empereur était considéré comme « le père ».

Le respect des aînés est une autre vertu pilier de la civilisation chinoise. On respecte les gens plus âgés au point qu'on appelle « oncle » ou « tante » toute personne de l'âge de ses parents.

La fidélité et le dévouement, si primordiaux dans l'organisation de la société chinoise, rendent donc très difficile toute remise en cause de l'ordre social et du rapport dominant-dominé. Contrairement à la société occidentale, les rapports sociaux ne s'appuient pas sur des règles juridiques ou religieuses, mais sur la vertu et la peur de la honte. Ils perpétuent une organisation assez féodale de la société, et ont davantage de chances de se maintenir dans le temps.

Clinton (Bill)

En 1998, le président des États-Unis d'Amérique ment sous serment en déclarant ne jamais avoir eu de relations sexuelles inappropriées avec sa stagiaire de vingt-deux ans, Monica Lewinsky. En réalité, une robe bleue tachée du sperme présidentiel et quelques récits de l'usage qu'il faisait de son étui à cigare plus tard vont l'obliger à reconnaître la vérité et à présenter des excuses à sa femme mais aussi au peuple américain tout entier. Son statut ne lui permettait pas d'appliquer la règle de base du syndicat des infidèles : « Nier en bloc. » Il échappe de peu à l'*impeachment* grâce au blocage du Sénat, malgré l'acharnement de Kenneth Starr, un procureur ultraconservateur et proche des républicains. Monica Lewinsky est humiliée publiquement, on la hue dans la rue et elle est surnommée la « reine de la fellation ». On sait tout de la dizaine de rencontres coquines qui ont eu lieu dans le bureau ovale dont cette scène mémorable où le président des États-Unis enfonce son cigare dans le vagin de sa jeune stagiaire. Après cet affreux étalage public et mondial, Monica sombrera plusieurs années dans la boulimie et défraiera la chronique avec ses photos d'obèse dépressive.

Hilary Clinton, en pardonnant publiquement à son mari, est considérée comme digne. Il me semble pour ma part que c'est un événement clairement rétrograde dans l'histoire du féminisme. C'est en tout cas l'infidélité la plus médiatisée du monde et la question a fait le tour de tous les dîners : « Vous, qu'auriez-vous fait ? » Le deal sur la possibilité qu'elle soit présidente à son tour a-t-il était passé ce jour-là ?

La pauvre, pouvait-elle imaginer qu'elle serait de nouveau trompée par les sondages et le peuple américain… ?

Donald Trump, ce grand homme, ami du féminisme, qui « attrape les femmes par la chatte », dans la course à l'investiture contre Mme Clinton, a déclaré : « Comment Hilary pourrait-elle s'occuper des États-Unis alors qu'elle n'a même pas su contenter son mari ? »

Cocu

Parmi les fameuses citations de Guitry, il en est une qui me fait rire aux éclats : « Cette femme-là ne demandait qu'à être fidèle, malheureusement elle a épousé un cocu. » Joie du vaudeville, le personnage du cocu n'a cessé de provoquer hilarité et moqueries. Le mot, si jouissif à prononcer, est un dérivé du « coucou », ce petit oiseau qui pond dans le nid des autres. Gentil, naïf, benêt, le cocu à venir est immédiatement identifié et on attend que la machine infernale se mette en place pour rire à gorge déployée. Le cocu, c'est le con du dîner, celui dont tout le monde se moque et auquel personne ne s'identifie, jusqu'au jour où…

Cocue

La cocue inspire des sentiments qui vont de la pitié au mépris. Dès qu'elle s'éloigne, on chuchote, elle semble être la seule à ne pas être au courant… Le cocu est drôle et la cocue est méprisée. L'un est un personnage de comédie et l'autre de drame.

La seule chose qu'on peut leur envier est, paraît-il, une chance inégalable…

Confidences

L'adultère devient une infidélité redoublée lorsque le trompeur ou la trompeuse se laisse aller à des confidences sur le ou la trompé(e), révélant ses goûts, ses manies, ses obsessions, ses secrets en somme. C'est encore plus déloyal lorsque les confidences portent sur les penchants ou les répugnances en matière sexuelle. Il est vrai aussi que, hélas, ces confidences inappropriées peuvent se révéler être pour certains un piment érotique...

Cornes

J'ai toujours imaginé que l'expression « porter des cornes » pour désigner l'homme ou la femme trompé(e) venait du fait que le conjoint allant à la chasse ailleurs, les cornes avaient tout le temps de pousser… Mais ce n'est pas du tout ça !

Il semblerait que l'expression date du XIIIe siècle où « concard » voulait dire « imbécile », d'autres disent qu'elle est apparue au XVe siècle où le verbe « escorner » voulait dire « humilier ».

Une autre interprétation vient du symbole sexuel que seraient la chèvre et le bouc. Mais alors, pourquoi est-ce que ce serait l'être trompé qui porterait des cornes ? Puisqu'il est, *a priori*, abandonné sexuellement…

Un homme qui porterait en réalité une paire de cornes sur le front serait le seul à ne pas pouvoir les observer ! Tout le monde les admirerait, sauf lui. « Avoir les cornes » signifie non seulement « être cocu », mais surtout être le seul à ne pas le savoir… En italien, cocu se dit *cornuto*, qui signifie également « cornu »… Deux en un ! Il est vrai que planter des cornes est une image à forte connotation sexuelle.

D'autres encore disent que l'expression est née des exploits sexuels du cerf et s'illustre dans le conte de *Merlin l'enchanteur* : ce dernier apprenant le remariage de son épouse s'abat sur son rival en chevauchant un cerf et, ivre de rage, arrache les cornes de sa monture et les balance au visage de son rival, le tuant sur le coup.

Et pour que tout le monde y trouve son bonheur, la dernière version vient de la légende du dieu Pan, dans la mythologie grecque, mi-homme mi-bouc, cornu et insatiable, poursuivant de ses ardeurs sexuelles nymphes et éphèbes. Il est d'ailleurs le dieu de la foule par opposition à l'intimité du couple.

On ne compte plus les dérivés charmants de cette expression :

— Il la trompe toujours ?
— Elle passe plus les portes.

Dans *L'École des maris* de Molière :

« Enfin la chair est faible, et j'entends tous les bruits. Je ne veux point porter de cornes, si je puis ; et comme à m'épouser sa fortune l'appelle, je prétends corps pour corps pouvoir répondre d'elle. »

Coureur

La Fontaine, dans la morale de *Le Lièvre et la Tortue*, conclut sa fable en affirmant que rien ne sert de courir et qu'il vaut mieux partir à point. Ne pas confondre vitesse et précipitation semble en effet être un conseil avisé pour certains amants, que ce soit de façon purement pratique ou d'un point de vue plus théorique, mieux vaut être mesuré pour ne pas se prendre les pieds dans le tapis et éviter les drames.

Si certains aiment dire de l'amour que c'est un sport en chambre, il faut bien avouer que le coureur de jupons a quelque chose d'un athlète. De ses motivations à sa façon de faire. Dans son entraînement comme dans sa progression et ses succès. Comme le grand sportif, le coureur cherche coûte que coûte à dépasser ses limites pour atteindre son objectif : sortir vainqueur de l'épreuve. Quels que soient les obstacles à franchir, le coureur de fond comme le coureur de jupons n'a que sa victoire en tête. Chaque réussite est une gloire, et chaque triomphe offre sa coupe. Or, les trophées comme les conquêtes semblent avoir été inventés pour être collectionnés. Toujours plus vite, toujours plus haut, toujours plus fort pourrait être la devise commune des coureurs de tout poil.

Simplement, là où il est question de motivation dans le domaine du sport, en amour on parle de désir. Et sur le plan amoureux, si l'on évoque les performances de quelqu'un, il n'est pas d'autre médaille à attribuer que celle que l'on se décerne à deux (ou plus si affinités) dans le secret de l'alcôve…

Comme chez les sportifs, il y a plusieurs catégories de coureurs. Le marathonien n'a pas la même endurance que le sprinteur. Il n'a pas la même foulée non plus. C'est pour cela que chez les grands amoureux de l'amour on trouve de tout : du Don Juan, du Casanova, de simples aguicheurs aux bourreaux des cœurs.

Ainsi, le coureur dont nous parlons ici ne court pas pour doubler ses adversaires mais bien pour assouvir sa soif d'aventures. Insatisfait chronique des relations amoureuses, il est en perpétuelle recherche de nouveaux partenaires de jeux. Et tous les prétextes sont bons pour aller chercher ailleurs ce qu'il a peut-être déjà sous les yeux.

Coureur

Pour le coureur grand amoureux devant l'Éternel, comme l'a écrit Alfred de Musset, expert, s'il en est, en la matière :

Aimer est le grand point, qu'importe la maîtresse ?
Qu'importe le flacon, pourvu qu'on ait l'ivresse ?

Oui, c'est cela, le coureur court pour courir, comme on donne pour donner. Pour satisfaire une seule personne : lui-même.

Crime d'honneur

Le crime d'honneur n'est qualifié comme tel que lorsque c'est la personne lésée ou ses proches qui passent à l'acte. C'est le cas du conjoint trompé qui se venge, mais ce n'est pas celui de deux amants qui se débarrassent du conjoint gênant, ce qui s'appelle alors un crime crapuleux.

Sous le prétexte de protéger la réputation, certains gestes soi-disant prophylactiques et censés empêcher d'éventuelles atteintes à l'honneur sont perpétrés, généralement sur les femmes. C'est ainsi que 98 % des Somaliennes sont excisées. En Égypte elles sont déjà près de 27 millions à s'être fait mutiler, rejoignant les rangs des 130 millions de femmes à travers le monde à qui on a coupé le clitoris et cousu les lèvres pour que leur futur mari soit sûr de leur virginité.

Au-delà de ces pratiques « préventives » contre un hypothétique opprobre envers les familles, de nos jours encore dans certains endroits, plus encore que la législation officielle du pays, c'est un droit tacite qui surveille et punit l'activité sexuelle hors mariage des femmes. Car ce sont elles, les femmes, elles seules, qui par leurs actes pourraient jeter le déshonneur sur leur famille ou plus largement leur clan. Et même dans les cas où il n'est pas question d'adultère consenti mais bien de viol caractérisé, si elles sont dépucelées avant le mariage, par exemple, leurs familles sont prêtes à les tuer. On se souvient malheureusement de l'atroce lapidation de la jeune Pakistanaise Farzana Parveen… L'Onu déplore 5 000 victimes féminines par an de ce genre de crimes d'honneur. Dont pas moins d'entre 1 200 et 1 800 au seul Pakistan. Le meurtre pour l'honneur est une pratique courante aussi en Jordanie, en Turquie. Au Soudan, une femme peut être condamnée à mort pour avoir épousé un chrétien.

En 2013, selon la Commission nationale des droits de l'homme, ce sont près de 1 000 femmes ou adolescentes qui ont été tuées, parfois enceintes, sous prétexte d'avoir déshonoré leur famille. Et pourtant certains gouvernements de plusieurs pays du Moyen-Orient essaient de faire cesser ces pratiques barbares. Le fameux honneur a visiblement ses raisons que la loi n'a pas… En Occident, c'est avec l'arrêt des duels d'honneur en combat singulier et la réforme du code civil de Napoléon que le nombre des crimes de sang dans les sphères privées a considérablement diminué. Mais c'est aussi la révolution sexuelle, évidemment, et la libération des mœurs qui ont participé à alléger le poids de ce fameux honneur qui pesait lourdement sur les familles. Il est encore lourd, ce poids de nos jours, et l'amour n'est pas la seule cause de vengeance. La terre, l'argent… On peut se sentir lésé dans bien d'autres cas que celui de la passion amoureuse. L'envie ou la vengeance mènent à des crimes sous l'égide de la loi du talion ou de la vendetta bien connue dans le bassin méditerranéen. Les familles élargies, au nom d'un code de l'honneur parfois ancestral, parfois aléatoire, bien souvent impitoyable, surveillent les membres de leur clan et les punissent « en interne », se substituant à la justice.

Mais alors qu'est-ce vraiment que cet honneur dont il est question dans ce genre de crimes ? Il semble que cette chose conceptuelle qui peut être salie, qui appartient à un code bien établi, qui doit rester intacte coûte que coûte et dont la mort peut être le prix, n'est autre que de la fierté mal placée. Un orgueil de mâle agressé par les envies, les aspirations des femmes. Que se passerait-il si ces hommes autoritaires laissaient leur liberté à ces femmes au lieu de bafouer leurs droits les plus fondamentaux ? Y compris d'avoir des amants avant le mariage ou même celui de tromper son mari.

Que se passerait-il si les femmes disposaient de leurs corps ? Peut-être comprendraient-elles que la vérité des relations n'est pas dans la soumission, que leur désir vaut celui des hommes et que leur sexualité a les mêmes droits. Si les femmes soumises sortaient de leurs carcans, les hommes peut-être se sentiraient tout d'un coup bien seuls. Et c'est bien cela qu'ils redoutent…

Culpabilité

Il faut bien le dire, se sentir coupable ne signifie pas forcément qu'on l'est. Et s'il est un sentiment qui se convoque sur commande, c'est bien la culpabilité. Certaines personnes sont familières de ce ressenti. Ces présumés coupables de naissance ont la fâcheuse tendance à s'attacher à cette certitude de leur culpabilité congénitale comme à une béquille. Il suffit qu'on laisse entendre qu'ils ont tort pour qu'ils le pensent vraiment. La moindre critique se transforme en une accusation légitimée par un sentiment de culpabilité bien plus profond. Mais malgré la douleur qu'il peut procurer, leur sentiment de grande faute les structure et les rassure. D'une part il les fait exister et d'autre part, en créant un pont entre le bien et le mal, la culpabilité bien souvent ouvre la voie à d'autres sentiments plus valorisants. L'empathie, notamment, qui est une émotion hautement noble. Si l'on se sent coupable, c'est vis-à-vis de l'autre, toujours. Alors se sentir mal à sa place, s'identifier à la douleur causée par notre propre faute devient comme un pansement à sa propre colère d'avoir été mauvais. Mieux encore qu'une prière récitée à voix basse dans le secret du confessionnal, l'empathie, voilà une bonne solution pour se laver de ses péchés. « Faute avouée, faute à moitié pardonnée. » Quelle aubaine ! Pardonnée par qui, si ce n'est d'abord par soi-même ? On a peur d'avoir fait du mal, on en est sûr, ou on a juste failli le faire, mais dans tous les cas au tribunal de sa propre conscience, c'est soi que l'on juge coupable.

Dans le cas de l'infidélité, finalement de quoi est-on réellement coupable ? D'avoir menti ? D'avoir trahi ? D'avoir désiré ? D'avoir joui de tout ça à la fois ?

« Aucun désir n'est coupable, il y a faute seulement dans le renoncement », c'est ainsi que Salvador Dalí a exprimé son point de vue avec sa façon sans concession de voir les choses. La société actuelle, moralisatrice et castratrice à bien des égards, ne favorise pas ce genre de prise de position qui pourrait être facilement qualifiée d'égoïste, mais… s'il avait raison ? Si l'on mettait de côté l'hypocrisie de la morale bien-pensante pour voir les choses du côté du ressenti réel ? On accepterait sans doute plus facilement l'idée que, quand on trompe quelqu'un, plus encore qu'à l'autre c'est parfois à soi-même qu'on est infidèle.

Ou, qu'à l'inverse, si on ressent le besoin d'aller voir ailleurs, c'est justement par fidélité à son désir. En tout cas, selon la réponse que l'on donne à cette vaste question, on n'est pas coupable de la même chose...

En amour, la culpabilité peut vite se transformer en un délicieux supplice pervers.

La culpabilité peut mener à des situations aussi réconfortantes que la sensation initiale a été désagréable et douloureuse. Car qui dit « culpabilité » dit « sanction » mais dit aussi « pardon ». C'est le côté sado-maso de certains infidèles chroniques qui se révèle ici. Et de certains trompés aussi. Il est des couples qui ne sont jamais aussi heureux que dans la réconciliation, cet état de grâce fusionnelle ou l'on se « rechoisit ». Jusqu'à la prochaine trahison, vécue ou fantasmée... Alors, avec Sénèque qui a très judicieusement soulevé l'idée que « le coupable est celui à qui le crime profite », ne serait-il pas honnête de s'avouer que dans l'infidélité il y a toujours – au moins – deux coupables ?

D

Dame aux camélias (La)

C'est Alexandre Dumas fils qui est l'auteur de ce grand roman publié en 1848 quand il avait vingt-quatre ans. Il a tiré la trame de sa propre histoire malheureuse avec Marie Duplessis, une demi-mondaine qu'il a follement aimée et qui est morte à vingt-trois ans. Dans la préface de son roman, le jeune auteur a écrit : « N'ayant pas encore l'âge où l'on invente, je me contente de raconter. »

La Dame aux camélias fait aussi référence à la célèbre *Manon Lescaut* de l'abbé Prévost. Ici, c'est en inversant les rôles féminins et masculins que Dumas fils donne vie à ses personnages : Marguerite Gautier et Armand Duval, les amants maudits par excellence. Souffrant par amour jusqu'à en mourir.

Armand, un jeune homme bien sage de la bonne société, tombe éperdument amoureux de Marguerite, une reine du monde de la nuit. Marguerite le lui rend bien puisqu'elle accepte de renoncer à sa vie de noctambule agitée pour se retirer avec lui à la campagne. Loin des paillettes parisiennes, ils vivent un grand bonheur.

C'est le père d'Armand qui rompt le charme et met fin à l'idylle d'Armand et Marguerite. Sous le sceau du secret, il enjoint la belle à renoncer définitivement à son fils. Leur union tumultueuse fait de l'ombre au mariage de son autre fille, la sœur d'Armand, et menace les affaires familiales. Pour protéger l'avenir de son bien-aimé, Marguerite accepte son sort et quitte Armand en lui écrivant une lettre d'adieu qui lui laisse entendre qu'elle est partie pour un autre.

Armand est dévasté et ne rêve que de se venger. Marguerite tient bon mais elle tombe gravement malade. Rongée par la tuberculose, seule, dans la plus grande pauvreté, elle se meurt. Son seul espoir : revoir Armand une dernière fois pour lui faire ses adieux.

Sa servante apprend la vérité à Armand qui se rend chez Marguerite pour s'excuser de tout : l'attitude de son père, ses soupçons à lui, sa colère… Elle lui pardonne, mais il est trop tard pour elle. Marguerite meurt.

L'infidélité ou ses soupçons peuvent-ils mener à plus triste destinée que celle de Marguerite et Armand ?

Sûrement pas, mais qui dit tragique dit romantique et c'est bien à ce titre que *La Dame aux camélias* a inspiré de multiples artistes. Verdi en fit sa *Traviata*, et on ne compte plus les chorégraphes qui l'ont monté en ballet. Le roman a aussi été adapté au théâtre, au cinéma et à la télévision. Le rôle de Marguerite Gautier avec son tempérament absolu est une partition en or pour les actrices. Nombreuses sont celles qui l'ont interprété avec brio, d'Isabelle Adjani au théâtre, à Sarah Bernhardt ou Isabelle Huppert, jusqu'à Greta Garbo outre-Atlantique sous la direction de George Cukor.

Danse

La danse, cette suite de mouvements ordonnés ou instinctifs qui enchaînés créent une sorte de transe, est le reflet des époques et des sociétés. Aujourd'hui, on ne danse plus ensemble mais les uns à côté des autres. Les slows, les valses, le rock, sont des musiques que l'on écoute mais que l'on danse uniquement dans des écoles un peu ringardes. Ce moment de communion, de rencontre, d'union, n'existe plus. Dans toutes les boîtes de nuit, on danse seul. Et cette unicité est le reflet de notre société individualiste qui mène à l'ultrasolitude.

Qu'est-ce que l'accumulation des conquêtes, si ce n'est l'absence ou la vacuité de la relation ? Si on se remettait à danser en couple ? À harmoniser nos mouvements à ceux d'une autre personne ? À penser que pour se sentir en harmonie avec un autre, il faut respecter son rythme et son espace… Je conseillerais à tout couple en difficulté d'aller prendre ensemble des cours de tango !

Deviers-Joncour (Christine)

Celle qu'un magistrat nommera « la Putain de la République » illustre mieux que personne, telle une héroïne de roman, les dérives du pouvoir politique et la corruption à la française, tout cela dans un contexte où l'infidélité est la moindre des choses : elle fait des ricochets on trouve toujours plus infidèle que soi, chaque infidélité en cachant une autre…

Fille d'enseignants modestes originaires d'un bled de Dordogne, Christine finira par nager avec les requins aux sommets de l'État.

Elle est la seule « fidèle » du petit théâtre de son histoire.

Tout commence en 1987 quand son second mari Claude Joncour, militant socialiste, lui présente Loïk Le Floch-Prigent et Alfred Sirven, ses patrons chez Rhône-Poulenc, avant qu'ils ne prennent la direction d'Elf. C'est par Sirven qu'elle rencontre Roland Dumas, ministre des Affaires étrangères, et que se noue entre eux une liaison.

Son vague diplôme d'anglais et son faible CV ne justifient en rien son job. Il y aura deux versions de cette embauche, la première, l'effet immédiat qu'elle provoque chez Dumas, quand la seconde voudrait que ce soit Sirven qui lui demande de se rapprocher de Dumas et d'être en quelque sorte un « agent double ». Christine apprécie en tout cas suffisamment son patron pour l'aider à remporter une circonscription en Dordogne grâce aux réseaux de sa propre famille et contre son ex-mari Jean-Jacques de Peretti, tenant ainsi sa vengeance de femme délaissée. Elle est nommée par la suite « chargée de mission » chez Elf, grâce à l'appui de Dumas, dont elle tombe éperdument amoureuse. Elle divorce de Joncour en 1990. Fascinée par le pouvoir, sa tête se met à tourner. Elle fréquente des gens très haut placés dans les dîners officiels et a un train de vie délirant, avec ses 50 000 francs par mois de salaire et sa carte bleue professionnelle qui lui permet de dépenser jusqu'à 200 000 francs mensuels. Elf a toujours servi, depuis 1958 et de Gaulle, de caisse noire à l'État. Sirven se sert de Christine pour pousser Roland Dumas à signer certains contrats. Elle est donc grassement rémunérée pour son travail de relations publiques ou plutôt d'entremetteuse. Dumas ira jusqu'à douter de l'amour de cette femme et lui demandera : « Vous êtes là pour moi ou pour Elf Aquitaine ? »

Elle touche près de 45 millions de francs de commission sur l'achat de six frégates militaires par Taiwan, et s'achète un superbe appartement de 320 mètres carrés, rue de Lille, pour la somme de 17 millions de francs. À cause de cette commission dont la justice a pris connaissance grâce une dénonciation anonyme, elle sera condamnée pour « recel de biens sociaux » à 18 mois de prison ferme et 12 avec sursis. Roland Dumas finit, lui, par être relaxé.

Trois cents personnes ont touché au total près de 4 milliards de commissions dans ces affaires, et certaines aux plus hauts sommets du gouvernement français et celui d'autres États. Aucune ne sera inquiétée ! Christine Deviers-Joncour paie le prix fort pour sa fidélité aussi bien à l'entreprise Elf, qu'à celui qu'elle aimait. Elle n'a jamais rien révélé de compromettant à son sujet à la justice. Il n'ira pourtant jamais la voir en prison. La médiatisation de l'affaire et la sortie de son livre, *La Putain de la République*, ont probablement protégé Christine Deviers-Joncour d'une fin tragique, censée taire des secrets beaucoup trop dangereux.

Détective privé

Lorsqu'on fait appel à un détective privé pour prouver une infidélité, c'est souvent en vue d'un divorce et la conviction de la tromperie est déjà installée. Pourtant, il arrive que certaines personnes rongées par le doute veuillent en avoir le cœur net. Il est alors le porteur de la mauvaise nouvelle. Les cas d'adultère sont la majeure partie du travail des détectives. Les policiers les appellent d'ailleurs « la brigade des cocus ».

L'adultère n'est plus une faute pénale depuis 1975 et le « divorce pour faute » n'existe donc plus, mais cela reste une faute civile que le détective peut aider à prouver et qui n'arrange pas un dossier au tribunal.

Dans les années 1960, la rumeur voulait qu'un huissier qui surprenait un couple en pleine action alors que l'homme était toujours chaussé ne pouvait prouver l'infidélité, cela annulait la nudité. Toute une génération d'hommes a donc fait la gaudriole avec des chaussures !

Détective privé

J'ai rencontré une femme détective qui ne voyait que des infidélités toute la journée, elle m'a avoué qu'elle n'avait pas de famille, ne parvenant à faire confiance à personne. Il semblerait que, quand on cherche, on trouve.

Dieux grecs

Loin de pouvoir prétendre à la transcendance et à la perfection qui caractérisent les dieux monothéistes, les dieux olympiens sont bien souvent emplis de passions et d'ambitions qui ne sont pas sans rappeler celles qui habitent les êtres humains. La vanité, la colère et l'humour sont respectivement la particularité d'Aphrodite, d'Héphaïstos et d'Hermès. L'« humanité » des dieux grecs se retrouve aussi bien dans leur aspect anthropomorphique que dans leurs sentiments et relations amoureuses. Toute la palette des émotions et des possibilités amoureuses qu'offrent les passions humaines se retrouve dans les récits mythologiques grecs.

Si le lecteur moderne peut par exemple s'identifier à l'amour fou qui unit Zeus à Héra, il est également contraint de se reconnaître dans les nombreux désirs et actes d'adultère que le dieu commet à l'insu de son épouse. Le plus grand des dieux ne dit-il pas, dans l'*Iliade*, que « jamais le désir d'une déesse ou d'une femme n'a dompté ainsi tout [son] cœur » ! Bien que les infidélités du fils de Cronos soient nombreuses (on en dénombre plus d'une cinquantaine), les plus marquantes et célèbres demeurent sans doute celles qui le lièrent à Danaé, Europe, Ganymède, Io ou encore Sémélé. Cette dernière engendra par ailleurs le non moins coureur Dionysos. Toute la singularité et l'intérêt des nombreuses aventures du dieu résident probablement dans la diversité qui les caractérise. Tour à tour déguisé en aigle, serpent, satyre et, même, pluie d'or, le mari d'Héra ne ménage pas ses effets lorsqu'il s'agit de conquérir l'objet de son désir. Toutefois, ses trop nombreuses infidélités lui sont parfois défavorables puisqu'elles lui valent, tout dieu qu'il est, de nombreuses réprimandes de la part de sa femme (voir Zeus).

Ce sont également les infidélités d'Aphrodite qui altèrent l'étrange couple que celle-ci forme avec le boiteux et jaloux Héphaïstos. Tendant un piège à Arès et à sa femme, le dieu mari cocu fait éclater au grand jour leur relation extraconjugale et la contraint, bien malgré lui, à s'exiler quelque temps (voir Aphrodite). Cette histoire permet du reste au sarcastique Hermès de faire preuve de causticité en déclarant que lui-même serait prêt à être pris au piège si cela pouvait lui permettre de goûter au corps d'Aphrodite. Tour à tour humoristiques, passionnées, surnaturelles et terribles, les infidélités des dieux grecs humanisent ainsi les habitants de l'Olympe. Elles permettent aussi de teinter, dans un étonnant processus d'identification, la vie des mortels d'un peu de divinité.

Disney

Walt Disney m'a fait croire au prince charmant, qui en un regard efface tous les maux des enfances les plus douloureuses, les moindres failles, les moindres doutes. Et surtout, j'ai mis du temps à comprendre que, là où finissaient les dessins animés de Disney (« ils se marièrent et eurent beaucoup d'enfants »), commençaient la littérature, les opéras, les drames, en bref : la vraie vie.

Même lorsqu'il ne s'agit pas d'amour, le monde de Disney semble simple et les problèmes solvables en une chanson. Non, jamais Mickey ne sera infidèle à Minnie, jamais il ne lèvera un œil sur cette grande coquette de Daisy qui se promène pourtant le derrière à l'air. Pourquoi ? Parce que lui et Minnie sont des souris et Donald et Daisy des canards. Alors Daisy peut partager ses faveurs entre Donald et son cousin Gontran, il n'y a pas d'infidélité là-dedans. Donald et Daisy ne sont pas un couple, Riri, Loulou et Fifi ne sont pas leurs enfants, Oncle Picsou est leur… leur quoi ?

Dans ce monde sans reproduction sexuée, l'infidélité consisterait à transgresser les barrières zoologiques, imaginez Donald amenant Minnie en week-end ?

Vous n'y pensez pas, un Blanc et une Noire ? Dans *Bambi*, réalisé juste avant la Seconde Guerre mondiale, on percevait les effluves d'hitlérisme qu'avait respirés Walt Disney. Par la suite il a rejoint le côté lumineux, que la force soit avec Mickey !

Divine Brown

Nous sommes à la fin du mois de juin 1995, il fait beau, Hugh Grant est loin du *fog* anglais et se pavane à Los Angeles après les succès mondiaux de *Lune de fiel* et *Quatre mariages et un enterrement.* Comme tous les hommes à l'approche du printemps, le bel acteur anglais, alors en couple avec Liz Hurley, a envie d'aventure. C'est sans doute pour cela qu'il se retrouve dans une ruelle près d'Hollywood Boulevard face à une femme plantureuse, Estella Marie Thomson, mieux connue sous le nom de Divine Brown. Le tarif de Divine est de 100 dollars pour monter dans une chambre d'hôtel mais mister Grant n'a que 60 dollars sur lui et, ne pouvant résister à la bouche sensuelle de Divine, il négocie afin qu'elle lui fasse une gâterie dans la voiture. Hugh prend son pied, ou plutôt appuie avec ce dernier de toutes ses forces sur la pédale de gauche de la BMW, les feux de freinage ne cessent de clignoter et un policier s'approche, croyant un homme en détresse.

Arrestation. Presse à scandale. Et une seule question : pourquoi tromper l'une des femmes les plus sexy du monde avec une prostituée vulgaire et au physique assez ordinaire ?

Divine Brown et son mec/mac, Alvin Brown dit Gangsta, ont en tout cas tiré une coquette somme de cette demi-fellation. On parle de plus d'un million et demi de dollars. Fiancée au rappeur Richie Fediccini, Divine travaille désormais avec lui dans sa maison de disques.

Don Juan

Don Juan a très vite échappé à son auteur, le personnage est devenu un mythe donnant lieu à de multiples déclinaisons. Aussi lorsqu'on évoque Don Juan, il est utile de préciser si l'on se réfère à celui de Tirso de Molina, à son avatar chez Molière ou chez Mozart/Da Ponte ou chez tel autre créateur. Ces Don Juan(s) ont généralement en commun deux caractères fondamentaux :

— ils séduisent puis abandonnent toute femme qui passe à leur portée,

— ils ne respectent ni Dieu ni Diable.

Ils sont donc, aux deux sens du terme, libertins.

Don Juan est-il à proprement parler infidèle ? Certes, pour emporter la vertu d'une femme et vaincre sa pudeur il n'hésite ni à mentir, ni à promettre. Il déploie tous les stratagèmes et ne craint ni l'emphase ni le ridicule ni l'affrontement. « Si Dieu n'existe pas, alors tout est permis », comme fait dire Dostoïevski à l'un des frères Karamazov : Don Juan se situe à l'intérieur de cette logique.

Pour être infidèle il faudrait qu'il ait d'abord été fidèle, ne serait-ce qu'une nuit, or son projet comporte d'emblée le rabaissement de chaque femme à l'état d'élément d'une série. Don Juan jouit d'avance de l'inanité de ses serments et de la force de son désir dont l'objet féminin n'est que le prétexte. Le Don John de l'auteur anglais Thomas Shadwell (1675), quant à lui, n'hésite pas à violer pour se satisfaire. C'est là une confusion annonciatrice du marquis de Sade ; on n'est plus dans la pureté du mythe qui veut que Don Juan ait sincèrement besoin de plaire et d'être aimé pour pouvoir accomplir son essence et ainsi faire payer à la femme le plaisir qu'il lui aura donné. Pour Don Juan, toutes les femmes sont belles – tant qu'il ne les a pas eues, mises au jour. S'il se complaît dans l'immédiateté esthétique, comme l'affirme Kirkegaard, alors aucune femme à ses yeux n'est plus belle que toutes les autres, la beauté est ce qui se cueille, pas ce qui se contemple de loin, il n'y a là nulle infidélité.

Qu'en est-il des Don Juan(s) au petit pied, ceux qu'on repère dans la vie courante et qui ne sont pas forcément prêts à courir le risque d'être précipités en Enfer sous prétexte qu'ils n'y croient pas ? Pourquoi, alors que les femmes d'aujourd'hui ne sont plus naïves sur leurs intentions, alors qu'elles sont libres de leur corps et peuvent prétendre séduire autant que d'être séduites, les Don Ju-ju continuent-ils à sévir ? Comment expliquer la crédulité volontaire et l'adhésion à ce qui au premier regard apparaît comme un rituel vide, une comédie du coup de foudre, la persistance d'un cérémonial de basse-cour ? Il faut admettre que quand bien même elles ne sont plus dupes, elles continuent à être fascinées par la liste des victimes consentantes précédentes (*mille e tre*), elles sont étourdies par toutes les images de femmes dont le Don Juan est porteur, elles veulent savoir répondre à la question : « Mais qu'est-ce qu'elles lui trouvent ? » En d'autres termes, le Don Juan postmoderne comme son glorieux ancêtre séduit parce qu'il a déjà séduit. La nouvelle conquête veut être celle qui éventera son secret alors qu'il n'en a plus dans un monde où tout s'échange et tout se vaut, où tout fluctue au gré du marché. Ou peut-être espère-t-elle contre l'évidence pouvoir condenser en elle la valeur d'usage, oblitérer la valeur d'échange en étant au moins pour quelque temps celle qu'il désire, la seule qu'il désire, et qu'il soit infidèle demain n'a plus aucun sens ! « Don Juan a choisi d'être rien » (Albert Camus) et, pour un soir, elle est tout.

E

Échangisme

L'échangisme est le consentement et la mise en place de son propre cocufiage. Alors que le libertinage est le fait d'autoriser son conjoint à avoir des relations extraconjugales, l'échangisme consiste à assister au partage et même à donner en spectacle son propre écart, comme un reflet.

Se regarder faire l'amour à d'autres en diminuerait-il la gravité ? Est-ce que cela créerait une jalousie perdue, un syndrome de possessivité qui relancerait le désir dans un vieux couple ? Voir qu'on est désirable dans les yeux et les gestes d'un autre érotiserait à nouveau la chair déjà tant explorée ?

Se dire qu'une séance de jambes en l'air à laquelle participent maris et femmes n'est pas une infidélité reviendrait à dire que la tromperie n'est pas dans la chair mais dans le mensonge.

Le nombre de clubs échangistes ne cesse de grandir et de se banaliser. On va ensemble coucher avec d'autres gens, comme on sort pour assister à une séance de cinéma. Est-ce qu'on en parle sur le chemin du retour ?

« C'était bien avec Gérard ? »

Elvis Presley

À partir de 1954, Elvis découvre la vie en tournée et l'hystérie féminine qui va avec. Il ne sera plus jamais l'homme d'une seule femme et sa petite amie de l'époque, Dixie Locke, en fait les frais. Elvis se construit une image de l'épouse modèle à laquelle il restera attaché toute sa vie et il la cherche comme le Graal. Elle doit l'attendre sagement à la maison et tenir compagnie à sa mère, et surtout ne doit pas voir d'autres garçons. Johnny Cash, qui partageait l'affiche avec Elvis et les autres poulains de Sun, dira de ces années folles : « Le truc, pour moi, c'était les filles. Elles étaient si nombreuses à courir après Elvis, qu'il en restait toujours plein. On s'amusait énormément. » Dixie, lassée des infidélités du rockeur, tombe amoureuse d'un autre garçon et quitte Elvis. Celui-ci devient l'objet de fantasmes pour les jeunes filles de tout le pays. Le 26 juin 1955, il rencontre June Juanico, juste avant de monter sur scène. June s'entend si bien avec les parents du King, que les fiançailles ne semblent pas loin, mais il reste un homme infidèle et leur passion finit après deux ans.

Elvis découvre Hollywood et ses starlettes avec son premier film *Love Me Tender* (*Le Cavalier du crépuscule*), mais aussi les danseuses de Las Vegas. Durant ces années, la presse à scandale lui prête des liaisons avec chacune de ses partenaires à l'écran, mais aussi d'autres comédiennes. Certaines seront confirmées par les intéressées, comme la sexy Diana Dors (alors mariée avec l'acteur Dennis Hamilton), ou encore sa partenaire dans *Loving You* (*Amour frénétique*), la Portoricaine Rita Moreno.

Elvis commence à être blasé tant les conquêtes faciles s'accumulent. Plutôt voyeur, il fait installer des miroirs sans tain dans sa maison de Malibu pour observer les filles invitées à sa piscine se changer. Durant son service militaire en Allemagne à partir de 1958, il fréquente des filles de joie dont il gardera une peur morbide des MST et de la pénétration. Il rencontre surtout sa future épouse, Priscilla Beaulieu, la fille d'un officier de l'Us Air Force, âgée alors de quatorze ans. La rock star fera bien les choses, leur amour restera chaste bien qu'elle habite avec lui à son retour au pays. Elle ne l'épousera qu'en 1967 et leur unique fille Lisa Marie naîtra en 1968. Le chanteur ne perd pas ses mauvaises habitudes. Il dispute Juliet Prowse, actrice de *G.I. Blues* (*Café Europa en uniforme*) sorti en 1960, à Frank Sinatra son petit copain à l'époque. Il fait poster à des endroits stratégiques des membres de sa garde rapprochée, la Memphis Mafia, pour le prévenir de l'arrivée de « Blue Eyes ». Aucune animosité ne restera entre les deux hommes, de ce combat de coqs.

En 1964, au moment du tournage de *Viva Las Vegas* (*L'Amour en quatrième vitesse*), sa partenaire à l'écran, Ann-Margret, avec qui il a une aventure, ira jusqu'à dire dans un magazine qu'ils se sont fiancés. Elvis est obligé d'avouer sa liaison à une Priscilla furieuse, et rompt avec Ann-Margret sur les recommandations de son manager, le colonel Parker.

De nouveau en tournée en 1969 après de nombreuses années consacrées au cinéma, il retrouve son rythme de séducteur de ses débuts de carrière. Ses nombreux amis et amies alimentent son cheptel en chair fraîche. Elvis est fétichiste et adore les petits pieds, détail que regardent systématiquement ses rabatteurs. Il démarre une liaison avec sa choriste Kathy Westmoreland à laquelle il demande de dire qu'elle est mariée pour ne pas éveiller les soupçons de son épouse. Son service d'ordre se fait de plus en plus violent avec les maris jaloux qui prétendent avoir vu leurs femmes en compagnie de l'idole. Elvis sera souvent attaqué en justice pour des demandes de reconnaissance de paternité (même après sa mort). Priscilla, délaissée, s'investit totalement dans la danse au point d'avoir une brève liaison avec son professeur. Les relations sexuelles des Presley deviennent anecdotiques car Elvis ne peut coucher avec une femme devenue mère. En 1972, Priscilla rencontre l'expert en karaté Mike Stone avec qui elle débute une relation amoureuse sérieuse. Elvis envisage de le faire tuer. Les Presley finissent par divorcer le 10 octobre 1973.

Il n'aura pas d'autre histoire d'amour importante avant celle avec Miss Mid-South 76, Ginger Alden, à laquelle il offre une bague de fiançailles en janvier 1977. Le 16 août 1977, à son réveil à Graceland, elle le découvre mort, assis sur la cuvette des WC.

Endogamie

Les anthropologues remontent au paléolithique pour constater que, dans les sociétés « sauvages », l'exogamie était la pratique la plus répandue. Elle découle de la prohibition de l'inceste, l'une des plus anciennes règles sociales. Pour maintenir la paix et les échanges, les populations de chasseurs-cueilleurs échangeaient leurs femmes.

Dans les tribus arabes, majoritairement bédouines, et bien avant la naissance de l'islam, l'endogamie était majoritaire. Cela dans le souci de préserver le patrimoine de la famille, de ne pas éparpiller l'héritage et les biens. Les conditions de vie très difficiles du désert, l'absence de fortifications ou d'armée régulière ont favorisé ce type d'alliances matrimoniales. L'esprit de clan et l'ascendance commune étaient censés renforcer l'ardeur et l'union lors des combats contre d'autres tribus. Dans l'islam, les mariages entre cousins issus de germains ne sont pas prohibés.

De l'infidélité

Dans de nombreux pays, les immigrés ont tendance à se marier entre eux pendant quelques générations, plutôt qu'avec les personnes du pays d'accueil.

Enfant caché

Avec les progrès immenses de la génétique, il est désormais possible de faire un test de paternité totalement fiable (voir Amour). Ces réponses de la science ne laissent plus de place au doute, à ce questionnement qui a été la cause de drames depuis la naissance du patriarcat et de la notion d'héritage. Ce doute un peu malsain sur la paternité naturelle, sujet de nombreuses fictions, génère souvent des traumatismes chez l'enfant, hanté par le poids d'un terrible secret de famille ou un injuste manque d'amour paternel.

Dans *Pierre et Jean* de Maupassant, un vieil ami de la famille fait don de toute sa fortune au fils cadet, Jean. Pierre, l'aîné, ne comprend pas pourquoi il ne reçoit rien alors qu'il a connu cet homme enfant. Des soupçons au sujet de la vertu de sa mère vont naître et le torturer jusqu'à la découverte de la vérité, alors que son père cocu ne se rend compte de rien. Pierre finit par s'engager comme médecin sur un paquebot. Le fils légitime perd l'amour de sa mère et n'a d'autre choix que celui de fuir sa famille.

Extrait :

« Elle l'avait aimé. Pourquoi pas ? C'était sa mère ! Eh bien ! fallait être aveugle et stupide au point de rejeter l'évidence parce qu'il s'agissait de sa mère ? »

Avoir un enfant illégitime a toujours été un sport très courant dans l'aristocratie, même jusqu'à notre époque. Louis XIV en légitima pourtant onze : quatre de Louise de La Vallière et sept de Mme de Montespan, même s'il en eut d'autres par ailleurs. Le prince Albert a fini par reconnaître deux de ses enfants. Les enfants nés hors mariage ne peuvent succéder au trône, même si le monarque n'a aucun successeur légitime.

Les enfants cachés de stars, ces « nouveaux aristocrates », ne manquent pas, d'Ari Boulogne, fils illégitime d'Alain Delon, au photographe Jean-Marie Périer qui a découvert à l'âge de seize ans que son vrai père n'était pas François Périer mais Henri Salvador et qui a toujours gardé une amertume envers le célèbre chanteur, qui n'a jamais voulu le reconnaître :

« Je ne serais pas arrivé là si je n'avais pas eu la chance d'être adopté et élevé par l'acteur François Périer. C'était un type extraordinaire qui m'a donné le plus important : des souvenirs et un exemple auquel j'avais envie de ressembler. [...] il [Henri Salvador] a aussi largué ses petits-enfants, mes gosses. Pour cela, je le maudis et je ne lui pardonnerai jamais. Mes enfants voient bien que cela a un peu bousillé leur père mais ce n'est pas leur histoire. C'est moi qui ai pris ça dans la tronche, pas eux... »

Enterrement

Quelle place autorise-t-on au chagrin de l'amant ou de la maîtresse lors des funérailles du ou de la bien-aimé(e) ? Celles de François Mitterrand ont bouleversé les traditions qui exigent discrétion et retenue dans de pareilles circonstances. Voilà qu'aux obsèques d'un chef d'État étaient alignées la femme, la maîtresse et la fille illégitime.

Il n'est pas rare de découvrir seulement le jour de la mise en terre l'autre, celui (ou celle) qu'on ne voulait pas incarner pour mieux le (la) combattre.

Et l'autre famille, la cachée qui, si elle n'accédait pas au bonheur au grand jour, a enfin droit au chagrin…

Autre question intéressante… Quand on a été marié toute une vie et qu'on demande à être enterré avec un autre être, est-ce une infidélité ? Pensons-nous être enterré avec notre conjoint officiel et notre amant ?

Évangéliques anglicans (XIXe siècle)

L'Église anglicane, très influencée par le calvinisme, met la foi individuelle au centre de la religion. L'expérience mystique de l'étude de la Bible devient très personnelle. Chaque membre d'une famille peut guider ses proches. Le divin sert à comprendre l'humain et à lui pardonner ses fautes, car Dieu reste le seul juge, contrairement au Vatican qui place toujours le prêtre comme intermédiaire, apte à juger et pardonner les péchés, et le pape comme chef spirituel de toute la chrétienté.

Terrifiés par la Révolution française, les milieux conservateurs en Angleterre, et particulièrement les milieux évangéliques, décident de lutter contre toute forme d'immoralité. Pour eux, la perversion a guidé la noblesse française vers l'échafaud. Les hommes dans leur activité professionnelle et leur contact avec le monde sont davantage tentés par le péché d'orgueil ou les dépravations. Ainsi les femmes reléguées aux travaux domestiques deviennent les gardiennes de la moralité du foyer et peuvent se consacrer à l'étude des Évangiles et à l'enseignement de la morale religieuse aux enfants. C'est pourquoi le puritanisme se développe tout particulièrement dans la bourgeoisie, avec notamment l'image typique de la maîtresse de maison, rigide et exemplaire. Les classes supérieures appuient ce renouveau du christianisme avec une vision paternaliste destinée aux pauvres, pour éviter toute remise en cause de l'ordre social. Il faut obéir aux détenteurs de l'autorité car le bonheur sera accessible au Paradis. L'Église anglicane étant l'unique pourvoyeuse d'aide pour les démunis, sa place dans le maintien de la hiérarchie des classes est primordiale.

Avec le développement de la finance et de l'industrie, qui permet l'expansion de l'Empire britannique, et un accroissement des richesses, le besoin d'une vie spirituelle riche grandit face au matérialisme et aux activités frivoles. La nouvelle classe moyenne cherche ses repères et à donner un sens à sa vie. Si les évangéliques croient à l'égalité spirituelle des deux sexes, ils ne croient pas à leur égalité sociale. Par la biologie des êtres, Dieu définit leur destin. La femme doit être soumise à l'homme, et tous deux se soumettent à Dieu. Une femme est dépendante de son mari car elle ne peut établir de contrat, monter une affaire ou même faire un procès. Toutes ces actions requièrent la signature de son époux qui remplace son père et devient non seulement responsable d'elle aux yeux de la loi, mais lui donne une existence légale. L'éducation des filles se fait toujours à la maison, alors que les garçons partent étudier dans des écoles. Dans la bourgeoisie, on valorise le travail dans lequel l'homme trouve sa dignité, contrairement à la femme pour laquelle il devient honteux de travailler.

Petit à petit, ces idées touchent l'ensemble de la société, grâce aux efforts et à la ténacité de la bourgeoisie évangélique. La classe ouvrière adhère aux modèles culturels de la bourgeoisie avec l'espérance d'une amélioration de ses conditions de vie. On condamne l'usage de la boisson et le plaisir sexuel, qui détournent les maris de leurs devoirs, et de leurs rôles de bons pères de famille. Vers le milieu du XIXe siècle, les commissions chargées d'observer les conditions de travail des enfants dans les mines découvrent avec effroi que les femmes travaillent souvent dévêtues à côté des hommes. Les évangéliques lancent alors une campagne pour interdire aux femmes de travailler dans les puits miniers. Les femmes étant souvent employées pour maintenir un niveau de salaire assez bas, même les ouvriers appuyèrent la décision d'État d'interdire aux femmes ces emplois. Se développe ainsi l'idée que la femme qui s'échappe du foyer possède une âme rebelle et révolutionnaire, alors qu'elle devrait rester dans la sphère domestique.

Dans la France du XIXe siècle, on distingue également la sphère publique, dite masculine, de la sphère privée, dite féminine. L'adultère et le concubinage sont une abomination car ils remettent en cause l'organisation de la famille et, donc, la hiérarchie sociale. La peur des maladies vénériennes alimente cette vision conservatrice de la famille traditionnelle comme principal rempart. L'hypocrisie bourgeoise entraîne ainsi une explosion de la prostitution qui reste cachée dans les bordels.

Expressions

Chacun son expression pour désigner les « 5 à 7 ». Celle-ci vient évidemment de cette heure bénie où l'on peut sortir plus tôt du travail, vivre une vie secrète avant de rentrer bien sagement chez soi dîner en famille comme si de rien n'était. En argot américain, on dit qu'on a quelqu'un « sous le coude »… On reconnaît le pragmatisme et le romantisme des Yankees. Les Suédois et les Russes « tournent à gauche »… Je m'imagine qu'ils sont sur le chemin de chez eux et, hop soudain, une envie de sexe les mène sur un autre chemin…

Les Israéliens « mangent à la table d'à côté ». Il me semble qu'en français on dit aussi « manger dans le plat du voisin » et, quand on est marié, « donner un coup de canif dans le contrat », l'image parle d'elle-même.

Les Irlandais font du « hors-jeu », tandis que les Anglais jouent carrément sur « un autre terrain ». On dit que les cocus ont beaucoup de chance (il faut bien leur laisser quelque chose) et que leur couleur est le jaune… Pourquoi ? Tout simplement parce que le jaune est la couleur des traîtres et de l'infamie…

F

Facebook

Quand j'ai divorcé, je me suis inscrite sur Facebook. Non dans l'idée de séduire qui que ce soit mais je voulais retrouver des visages du passé, comme pour reprendre la vie là où je semblais l'avoir laissée en me mariant très jeune et en abandonnant par là même un certain style de vie et du coup une partie de mes amis. L'effet recherché est arrivé vite et une cure de jouvence s'est opérée. J'en ai retrouvé certains que je voulais revoir, d'autres que je me réjouissais d'avoir semés… Je suis allée prendre un verre avec un de mes anciens amoureux, jeune marié, que j'étais contente de revoir mature, grandi, et que j'espérais heureux. Il lui a fallu dix minutes pour poser sa main sur ma cuisse. Quand j'ai exprimé ma surprise, il m'a répondu : « Mais tu m'as connecté sur Facebook ! »

Tous les réseaux sociaux semblent être une promesse d'échange de salive et rarement pour discuter. Facebook comme les autres. Pire encore, la page d'accueil offre une vitrine qui se veut rassurante, on brandit les photos de ses enfants, sa femme ou son mari sur sa page de garde. Il est inscrit « en couple » sur son profil. Et justement… On stipule ainsi qu'il ne s'agit pas d'abîmer la photo de famille mais seulement d'un petit pas de côté qui ne fait pas si mal et dont on pourra se souvenir sous forme de « like » ou de « poke ».

Feydeau

D'où vient cette propension, chez Georges Feydeau, à parler de l'adultère dans ses pièces ?

Est-ce parce qu'il en est lui-même le fruit ? La psychanalyse l'affirmerait certainement tant sa filiation est trouble. Né en 1862, les pistes ont été brouillées par sa mère elle-même puisqu'elle lui aurait annoncé qu'il était le fils de Napoléon III, tandis que d'autres rumeurs soutiennent qu'il est celui du demi-frère de l'empereur. En tout cas, pas de l'écrivain son père Ernest Feydeau, le mari de sa mère, l'homme qui l'a élevé et qui l'a poussé vers le théâtre.

L'adultère est-il devenu le sujet de prédilection de Feydeau pour apaiser son passé ou parce qu'il a souffert d'être trompé plus tard par sa femme Marie-Anne ? Ou alors est-ce sa culpabilité d'en être acteur lui-même, selon les dires des mondains de l'époque qui le croisaient tous les soirs chez Maxim's, ivre de femmes, d'hommes et de cocaïne, censés stimuler sa créativité ?

Peut-être plus simplement, la tromperie et le mensonge étaient-ils les ingrédients principaux du vaudeville, genre théâtral qu'affectionnait particulièrement Feydeau et dans lequel il est passé maître ?

Il doit son premier succès public à *Tailleur pour dames.* Dans cette pièce en trois actes, le docteur Moulineaux, pour cacher un début de liaison avec une de ses clientes, se lance dans une cascade de mensonges, pirouettes et dissimulations face à sa femme, sa belle-mère, le mari de sa maîtresse, l'amante de celui-ci qui fut autrefois la sienne. À force de rebondissements et dans un rythme endiablé, le docteur Moulineaux et sa femme qui s'aiment malgré tout finissent par se réconcilier et, à la satisfaction générale, chacun retrouve sa chacune. Après ce succès, dans un rythme soutenu (Feydeau écrit parfois deux ou trois pièces par an), s'ensuivent plus d'une vingtaine d'autres petits bijoux de comédie sur le sujet : *Monsieur chasse* en 1892, *Le Système Ribadier* la même année, *Un fil à la patte* deux ans plus tard, *Le Dindon* en 1896, *La Dame de chez Maxim* en 1899, *La Puce à l'oreille* en 1907, *On purge bébé* en 1910 ou encore *Feu la mère de Madame* ou *Mais n'te promène donc pas toute nue,* pour ne citer que les plus célèbres de ses créations.

Dans chacune, Feydeau raconte des histoires d'hommes qui aiment leurs femmes… Mais aussi celles des autres et inversement. Et si les situations et les personnages sont risibles, eux vivent de véritables tragédies. C'est un rire jaune que le maître des situations rocambolesques et des dialogues enlevés orchestre pour le plus grand plaisir des spectateurs.

Quand on parle désormais d'une situation amoureuse rocambolesque, il suffit de dire : « C'est du Feydeau », pour que tout le monde comprenne de quoi il s'agit !

Fitzgerald (Scott)

Les infidélités qui rythment les romans de Fitzgerald sont, nous le savons, très largement inspirées de celles qui ont marqué le mariage du célèbre auteur avec l'écrivaine Zelda Sayre. Celle-ci entama même sous ses yeux une liaison avec un aviateur français Si les adultères de ses personnages constituent avant tout le passe-temps favori d'une « génération perdue » richissime et désœuvrée, ils permettent au lecteur de deviner leurs fêlures et névroses sous-jacentes. L'infidélité la plus représentative de son œuvre est sans doute celle qui lie Daisy Buchanan au mystérieux Jay Gatsby. Elle prend paradoxalement ses sources dans l'immense fidélité dont fait preuve le héros à l'égard de la femme de Tom Buchanan. Il fallait bien le travail de toute une vie pour que le trop mal né Gatsby parvienne à devenir riche et ainsi à impressionner cette dernière. À l'inverse, le mari de Daisy est un homme peu soucieux de sa femme et dont l'affection tout entière s'est reportée sur une jeune New-Yorkaise aussi attachante que roturière.

Chez Fitzgerald, les infidélités ont en effet la particularité d'offrir aux personnages la possibilité de s'extraire de leurs milieux d'origine et de goûter à un autre mode de vie. Dans le cas du très riche Tom Buchanan, sa liaison lui permettra par exemple de goûter à des plaisirs simples tels que la dégustation d'une bière dans une garçonnière de Manhattan. Cette idée apparaît également dans le roman *Tendre est la nuit.* Le héros, l'opulent et très distingué Dick Diver, finit par quelque peu délaisser sa précieuse épouse au profit d'une starlette malhabile. Bien que l'auteur laisse généralement transparaître toute la mélancolie et la culpabilité qui émanent de l'adultère, il prend également le parti de ne jamais juger ou condamner le comportement de ses protagonistes. Les relations extraconjugales dans ses romans vont à l'encontre des valeurs d'une société bourgeoise, répressive et ennuyeuse, dont l'auteur s'est plu, toute sa vie, à dénoncer les fondements.

Freud

Longtemps Sigmund Freud (1856-1939), le fondateur de la psychanalyse, est apparu comme le parangon des vertus domestiques. Si ses thèses sur la sexualité infantile ont commencé par faire scandale à Vienne, si Lacan a pu dire que Freud et Jung ont apporté « la peste » à l'Amérique, il n'en reste pas moins que Freud, selon sa biographie canonique par Ernest Jones, était un mari modèle qui, après avoir fait six enfants à sa femme Martha, a décidé de subir une vasectomie afin d'épargner à celle-ci de nouvelles grossesses. Aussi sa reconnaissance progressive comme un maître de la psychologie s'accompagnait-elle du respect pour sa vie bourgeoise respectable, contrastant avec sa capacité à affronter dans son œuvre les thèmes les plus scabreux.

Et puis les esprits chagrins s'en sont mêlés. On a souligné comme il avait été fasciné par la chanteuse de cabaret Yvette Guilbert dès son séjour à Paris en 1890, tandis que sa jeune épouse était à Vienne. D'autres ont épilogué sur une note d'hôtel laissant penser que, des années plus tard, Sigmund et sa belle-sœur Minna partageaient la même chambre durant des vacances en Suisse, et en ont conjecturé une liaison. Laissons croasser ces corbeaux…

Quoi qu'il en soit en revanche, il n'y a pas de polémique concernant la vie amoureuse de Lucian Freud (1922-2011), petit-fils de Sigmund et illustre peintre anglais. Deux mariages, deux enfants légitimes, douze enfants reconnus et un nombre indéfini de bâtards, on peut sans risque estimer qu'il ne s'embarrassait pas de fidélité amoureuse. Quoique dans ses portraits, pour lesquels il exigeait trente à quarante séances de pose du modèle, il fût très fidèle à la vérité intérieure de ceux dont il captait crûment la chair sur la toile.

Mais que nous dit Sigmund Freud de l'infidélité ? À vrai dire rien, ce n'est pas un sujet qui intéresse la psychanalyse. En effet comment prôner le libre jeu des pulsions, l'agnosticisme du fantasme, la violence du désir – et prétendre enfermer les choix amoureux, du moins dans la vie psychique des sujets ? L'infidélité dès lors n'est pas vue comme un problème affectif mais comme un problème social. Ce n'est pas un manquement envers soi-même mais ça peut être un manquement envers un contrat. C'est donc la psychanalyse américaine, infiltrée par le souci de l'adaptation au milieu social, qui va développer les premières thérapies de couple et réintroduire une notion de normes là où, pour Freud, elle n'avait rien à faire. Selon lui, bien rares sont les êtres capables de maîtriser leurs instincts et de ne pas céder à l'illusion de la nouveauté, aux charmes de la transgression ou à la facilité d'un pouvoir. Il aurait fait sien l'adage : « En amour, trompe qui peut. » Selon Freud, la seule fidélité est celle qui unit le petit garçon à sa mère, pour le meilleur ou pour le pire. Ce lien pourra en effet à l'âge adulte se fixer sur un équivalent fantasmatique de la mère, dans un échange sans reste, un mariage « conclu au ciel », disent les Américains – ou au contraire empêcher tout investissement d'un objet rival de la mère, et de ce fait d'aucune autre femme comme on l'observe chez certains homosexuels, ou d'aucune femme qui ne soit immédiatement interchangeable comme il en est chez les Don Juan.

D'ailleurs Freud n'était pas dupe des conventions bourgeoises affichées par la Vienne impériale et post-impériale. N'avouait-il pas à l'écrivain Arthur Schnitzler – qui par exemple dans *La Ronde* a donné l'image la plus radicale de l'infidélité généralisée – qu'il était son double, engagé comme lui dans la « dissection de nos certitudes culturelles conventionnelles » ?

Pour autant, Freud était extrêmement soucieux que ses disciples restent fidèles à ses conceptions (alors que pour sa part il les modifiait régulièrement) et dénonçait très vite l'infidélité voire l'apostasie de ceux qui s'écartaient de l'orthodoxie telle qu'il l'avait définie pour introduire de nouvelles idées ou, pire, de nouvelles pratiques.

Frida Kahlo

La grande peintre mexicaine Frida Kahlo était l'épouse de Diego Rivera, immense artiste au physique de crapaud mais à l'esprit si acéré que nul ne résistait à son charme. Frida supporta un nombre inestimable d'infidélités. Elle coucha même avec une des maîtresses de Diego pour se venger. Ils divorcèrent quand Diego eut une liaison avec Cristina, la sœur de Frida. C'était trop !

Malgré le corset qu'elle portait en permanence et les douleurs physiques, Frida était aussi une grande séductrice, elle eut plusieurs aventures, mais contrairement à Diego, elle les cachait soigneusement. Comme tous les grands coureurs, Diego était aussi jaloux !

Frida accepta de se remarier avec Diego peu après, constatant qu'ils ne pouvaient vivre l'un sans l'autre. Mais elle exigea qu'ils n'aient plus de relations sexuelles.

Frida Kahlo

Est-ce la formule pour un amour durable, ne plus se donner ? Pour éliminer le désir de l'équation ou pour le préserver ?

G

Gènes et campagnols

Les campagnols sont devenus les rongeurs les plus observés par les scientifiques qui cherchent un « gène de la fidélité ». En effet, il existe deux sortes de campagnols : le campagnol des prairies et le campagnol des montagnes. Cette anecdote n'aurait pas déplu à Jean de La Fontaine : le campagnol des prairies qui vit en Amérique du Nord est l'un des seuls mammifères complètement monogame. Il tombe « amoureux » (comment le dire autrement ?), fonde un foyer-nid, ne le quitte pas et prend soin de ses petits et de sa compagne campagnol qu'il défend contre toutes les agressions extérieures. Son cousin en revanche, le campagnol des montagnes, court le guilledou, sans cesse à la recherche d'une nouvelle petite campagnol dont il ne s'occupera pas plus que de sa progéniture.

Après analyse, la seule chose qui dissocie ces deux petits animaux est la taille de leurs récepteurs à la vasopressine et à l'ocytocine.

La vasopressine semble agir chez le mâle sur son engagement auprès de ses petits et sur sa fidélité ; l'ocytocine, elle, est connue comme l'hormone de l'amour et solidifie le désir et la relation de couple.

En 2004, Larry Young, un chercheur à l'Université américaine d'Emory, a publié une expérience scientifique dans laquelle il inverse les rapports à l'ocytocine et à la vasopressine chez les deux espèces de campagnols. Il bloque les récepteurs chez les campagnols des prairies, qui deviennent soudain volages et sans affect ; tandis qu'il injecte au campagnol des montagnes de quoi stimuler la fabrication d'ocytocine et de vasopressine ; celui-ci devient alors doux et fidèle.

L'équipe de chercheurs travaille actuellement sur une pilule qui puisse prolonger l'état amoureux et la fidélité…

Moralité : avant de se marier avec quelqu'un, il faudrait faire analyser son système limbique et sa sécrétion d'ocytocine et de vasopressine. La fidélité n'a rien à voir avec les quelques kilos qui s'installent ou le séminaire de monsieur à Dijon… Épousez des campagnols des prairies !

Guett

Le *guett* est le contrat de divorce dans la religion juive. Lorsqu'on se marie, on est trois : le mari, la femme et Dieu. Le *guett* dans sa traduction littérale est un « livre tranchant » puisqu'il coupe des liens profonds et même, dit-on, les âmes des mariés. C'est le mari qui doit « donner » le *guett* à sa femme, pour l'autoriser à reprendre le cours de sa vie, pouvoir se remarier et avoir d'autres enfants. Tant que le *guett* n'est pas rendu, même si la séparation est effective depuis bien longtemps, un enfant qui naîtrait serait *mamzer* (voir Batard).

Les hommes souvent rechignent à rendre le *guett* à leur femme et les gardent ainsi prisonnières.

I

Imaginaire

La rue assourdissante autour de moi hurlait.
Longue, mince, en grand deuil, douleur majestueuse,
Une femme passa, d'une main fastueuse
Soulevant, balançant le feston et l'ourlet ;

Agile et noble, avec sa jambe de statue.
Moi, je buvais, crispé comme un extravagant,
Dans son œil, ciel livide où germe l'ouragan,
La douceur qui fascine et le plaisir qui tue.

Un éclair… puis la nuit ! – Fugitive beauté
Dont le regard m'a fait soudainement renaître,
Ne te verrai-je plus que dans l'éternité ?

Ailleurs, bien loin d'ici ! trop tard ! jamais peut-être !
Car j'ignore où tu fuis, tu ne sais où je vais,
Ô toi que j'eusse aimée, ô toi qui le savais !

Tout est dans ce poème magnifique de Baudelaire : *À une passante.* Les histoires que l'on ne vit pas ont plus de force que les relations charnelles n'en auront jamais. L'idée d'un sein, le souvenir d'une odeur, le fantasme des bras rassurants d'un homme, tout cela est plus fort dans l'imaginaire.

À quel moment commence l'infidélité ? Je préfère mille fois que l'homme que j'aime couche avec une femme et ne s'en soucie plus, plutôt que d'être obsédé par l'idée d'une femme qu'il ne touchera jamais. C'est dans le fantasme d'un autre corps que réside le germe de l'infidélité. Car c'est un duel perdu. Alors qu'un homme qui a trompé sa femme revient le plus souvent à la maison, un homme qui rêve d'une autre n'est jamais vraiment là.

Inconstance

Dans l'inconstance, il y a l'hésitation et le caprice... Il y a aussi l'infidélité.

Elle est devenue doublement célèbre grâce à Marivaux en 1723. On a dit que *La Double Inconstance* était sa pièce préférée.

« Silvia, je suis votre amant, vous êtes ma maîtresse, retenez-le bien, car cela est vrai, et tant que je serai en vie, cela ira toujours le même train, cela ne branlera pas, je mourrai de compagnie avec cela. » Voilà ce que déclare Arlequin à Silvia lors de leurs premières retrouvailles. Deux actes plus tard, Arlequin épouse Flaminia et Silvia le Prince !

Silvia et Arlequin sont amoureux, mais le Prince a jeté son dévolu sur la jeune et jolie villageoise. Il la fait enlever, la séquestre dans son palais, et organise avec Flaminia, sa conseillère, la mise en œuvre d'une machination de la double inconstance. Arlequin et Silvia prennent goût à la vie de château et Flaminia gagne pas à pas la confiance des deux jeunes gens. Au point que la jeune femme lui avoue s'être laissé séduire par un bel officier du Palais… Qui se révèle être le Prince ! Pendant ce temps-là, Arlequin est tombé sous le charme des paroles enjôleuses de Flaminia.

Les amoureux initiaux sont pris au piège d'une mise en scène habilement menée sans jamais comprendre qu'ils en sont les acteurs, ou plutôt les marionnettes. Un couple défait en fabrique deux tout neufs. Tout se termine bien par deux mariages consentants.

Mais l'amour qu'on pensait éternel cède le pas au plaisir éphémère. Le monde rural, rustique, pauvre et impuissant ne résiste pas à la corruption de la Cour, de la coquetterie, de la richesse et des honneurs. À travers l'inconstance des hommes, sur le plan amoureux tout autant que social, Marivaux fustige celle du monde, son instabilité polluante qui se croit fidèle à ses émotions et pense n'être que la spectatrice de ce déséquilibre sans y participer.

Cependant, à bien des égards la société de Marivaux n'est pas la même que celle d'aujourd'hui. Les mariages n'ont plus le même sens ni la même durée de vie. En 2016, en France, on se marie – la plupart du temps – par amour plus que par obligation, et contrairement au siècle de Marivaux, si l'amour ne dure pas, on s'en va.

Et on a tous en tête l'idée que l'amour ne dure pas. L'inconstance est d'une certaine façon permise et tolérée. Plus que de l'infidélité primaire, l'inconstance de nos jours ne serait-elle pas cet état d'instabilité affective dont beaucoup qui cherchent toujours l'âme sœur souffrent sans le dire ?

Sans s'enferrer dans une critique stérile, car chacun a sa propre histoire, l'inconstance est peut-être, pour certains, au-delà d'une impolitesse, au-delà d'une faiblesse, une réponse à l'angoisse du manque de liberté à laquelle renvoie l'idée même du couple. Une façon de choisir de ne pas choisir. Une posture de curiosité sentimentale, charnelle, avant de se poser dans la vie amoureuse, une envie de tout essayer avec tout le monde sans s'enfermer.

Islam

Dans la religion musulmane, l'acte sexuel a pour but la procréation et la perpétuation de l'espèce mais aussi l'inscription du sujet dans l'ordre divin.

Dans le Coran il est écrit :

« Vos femmes sont un champ de labour pour vous. Venez à votre champ comme vous voulez, et œuvrez pour vous-mêmes à l'avance » (Sourate II-223).

« Et parmi ses signes, il a créé de vous, pour vous, des épouses pour que vous viviez en tranquillité avec elles et il a mis entre vous de l'affection et de la bonté. Il y a en cela des preuves pour des gens qui réfléchissent » (Sourate XXX-21).

Les femmes sont donc au service des désirs sexuels de l'homme tandis que l'inverse, le désir féminin, n'est jamais exprimé, il est normal que la femme veuille satisfaire son mari dans tous les domaines. Celles qui ne se plieraient pas à la volonté de leurs époux peuvent être punies :

« Les hommes ont autorité sur les femmes, en raison des faveurs qu'Allah accorde à ceux-là sur celles-ci, et aussi à cause des dépenses qu'ils font de leurs biens. Les femmes vertueuses sont obéissantes (à leurs maris), et protègent ce qui doit être protégé, pendant l'absence de leurs époux, avec la protection d'Allah. Et quant à celles dont vous craignez la désobéissance, exhortez-les, éloignez-vous d'elles dans leurs lits et frappez-les. Si elles arrivent à vous obéir, alors ne cherchez plus de voie contre elles, car Allah est certes, Haut et Grand ! » (Sourate IV-34).

La fornication est appelée la *zina* et elle est prohibée hors mariage :

« En vérité, c'est une turpitude et quel mauvais chemin ! » (Sourate XVII-32). « La fornicatrice et le fornicateur, fouettez-les chacun de cent coups de fouet » (Sourate XXIV-2).

Dans les traités de *Fiqh* de l'imam Abû Hanîfa, premier traité de croyance de l'histoire de l'islam, réside une interdiction aux hommes et aux femmes de rester seuls en tête à tête hors de la présence d'un tiers.

L'islam ne se modernisant pas, l'adultère reste, dans ce cadre, un risque mortel. Il est donc extrêmement attirant. Terreau de passion, l'interdit brûlant existe forcément dans l'inconscient collectif. Le voile ne peut pas éteindre les cœurs. En dehors du polythéisme, l'adultère est le pire des péchés. Ils sont en effet comparables et l'unité d'Allah est le socle de l'islam. Selon l'imam Al-Dhahabi, le simple fait de regarder une femme ou un jeune homme imberbe avec désir serait déjà un adultère. Pour cette raison, les plus vertueux sont sommés de les éviter.

Les non-musulmans sont d'ailleurs qualifiés d'« infidèles » et ne sont pas considérés comme des êtres humains. Il est étonnant que cette typologie soit utilisée dans le religieux et cela exprime à quel point l'islam, plus encore que les autres croyances, repose sur une peur et une fascination pour la sexualité. Elle fonctionne évidemment très bien en cette ère d'individualisme et de frustrations sexuelles.

J

Jagger (Mick)

Mick Jagger a défini ce que devait être un chanteur ou plutôt une bête de scène. L'infidélité en est un des attributs.

En faisant de son absence de beauté traditionnelle une base pour inventer le *sex appeal*, et en réinventant les sonorités avec ce que sa voix lui permet de faire, il a réussi à devenir l'incarnation même de la rock star sensuelle, grâce à une intelligence et une capacité d'observation extraordinaires. Pourtant Jagger n'est ni un *sex symbol* ni le jeune homme le plus charismatique des Rolling Stones à leurs débuts. Le guitariste Brian Jones guide le groupe et s'en considère même comme le leader, jusqu'à ce que le génie d'écriture du duo Jagger-Richards n'émerge et ne prenne le pouvoir. L'hystérie féminine se porte d'abord et logiquement sur le plus beau, le musicien blond séduisant, qui lentement se fait aspirer par la drogue et le pouvoir de la célébrité, jusqu'à son éviction et sa mort tragique en 1969. Ne vous fiez pas à son air nonchalant, Mick comprend très tôt la force de l'image et le besoin d'occuper l'espace sur la scène. Fils d'un professeur de gym, il se trémousse d'une façon qui lui est bien particulière. Il a d'ailleurs su garder une bonne hygiène de vie qui lui permet encore, malgré les excès d'une vie dans le showbiz, d'être une pile électrique à soixante-quatorze ans.

Le tournant dans la carrière du chanteur s'opère en 1966 lors d'une tournée commune de son groupe avec Ike and Tina Turner. Il apprend réellement son métier, et même à danser sans aucune peur, en regardant timidement de derrière le rideau la lionne qui tous les soirs sur scène hypnotise le public. Plus rien ne sera comme avant, il devient ensuite après cet apprentissage la star sexy que l'on connaît depuis cinquante ans. Il se mue en séducteur raffiné.

Comment une rock star gère-t-elle sa vie amoureuse ? Et quand on contrôle tout comme le fait Mick Jagger, vers où se dirige-t-on d'abord ?

Cette même année, il débute une relation, qui sera plus tard hautement médiatisée, avec la ravissante Marianne Faithfull qui, pour l'instant, détail à ses yeux, est encore mariée. Celle qui, au début, ignorait les avances du chanteur finit par y céder. Il se sépare alors de sa compagne, l'actrice Chrissie Shrimpton après trois années d'amour, l'actrice fera une tentative de suicide. Et les Stones commencent alors la construction de leur image de méchants garçons. Ils ont tous les vices contrairement aux « gentils » Beatles. Ils subissent de nombreuses fouilles, jusqu'à la fameuse descente de police à Redlands, dans la maison de Keith Richards, organisée pour les piéger.

Marianne Faithfull laisse tomber la fourrure qu'elle porte comme unique accoutrement, pour prouver qu'elle ne détient aucune substance, sous les yeux ébahis des policiers. « La fille nue dans l'orgie-drogue des Rolling Stones... », diront les gros titres des journaux du lendemain. Ils sont jeunes et ont beaucoup d'argent à une époque où le sexe fait sa révolution, et où l'usage des stupéfiants se démocratise. Les tentations sont nombreuses et la relation bat de l'aile. L'homme n'est pas très fidèle et la chanteuse plonge doucement dans l'héroïne jusqu'à en devenir ingérable. Mick, comme il agira toujours en amour, laisse l'histoire se décomposer lentement jusqu'à ce qu'on le quitte.

« Je n'ai jamais été follement, profondément amoureux. Je ne suis pas quelqu'un d'émotif », disait de lui-même Jagger. Pourtant en 1970, il est fou de la Nicaraguayenne Bianca Perez Morena. C'est une fille de la haute, et elle donne au chanteur ce statut qu'il a toujours cherché, comme le prouve son anoblissement par la reine en 2003. Elle dira de leur union : « Mon mariage a pris fin le jour de la cérémonie. » Dragueur infatigable, rien n'arrête Sir Jagger, qui n'a aucune loyauté envers ses pairs à qui il vole les compagnes sans la moindre culpabilité. Il couche avec Anita Pallenberg, compagne de Keith Richards, sur le tournage du film *Performance*, mais c'est surtout l'élégant Bryan Ferry qui subit un terrible affront, quand Jerry Hall le quitte pour Mick. Ils auront quatre enfants, en vingt-deux années d'une vie commune assez tumultueuse. La pierre qui roule ne se calmera jamais, même avec l'âge. Carla Bruni, mannequin très à la mode dans les années 1990, quittera même Eric Clapton pour lui. Le mariage avec Jerry Hall prend fin avec une terrible humiliation pour son épouse, quand la top model brésilienne, Luciana Gimenez Morad, annonce qu'elle est enceinte de la star et fait la une des journaux à scandale.

Jalousie

« Un monstre qui se moque de la victime dont il se nourrit », ainsi est décrite la jalousie dans *Othello* de William Shakespeare.

La jalousie amoureuse est différente de celle qui a trait à l'envie.

Elle se rapproche cruellement de la peur. Pour ceux, dont je fais partie, qui l'ont ressentie, c'est une douleur affreuse.

Il me semble que ce qui fait le plus souffrir, ce n'est pas de perdre notre place, c'est de l'avoir déjà perdue. Si on ressent un tel chagrin, c'est parce que les illusions s'effondrent. Ne plus être jaloux, c'est ne plus croire. Ou avoir fait le deuil de l'invisible comme réalité. Se dire que tout ce qui existe après tout, c'est ce qu'on voit. Les rêves appartiennent à ceux qui les font.

La jalousie est-elle instinctive ? Est-elle née avec le modèle social de la fidélité ? L'instinct peut-il évoluer et se nourrir de schémas humains ancestraux ? La jalousie détruit celui qui la ressent plus encore que celui qui en est l'objet.

Japon

Dualité de la perception des Japonais par le reste du monde… D'une part, des lithographies pornographiques célèbres, un goût pour le fétichisme qui a influencé artistiquement le monde entier, cette littérature assez perverse et, entre autres, la fameuse anecdote des distributeurs de petites culottes portées par des lycéennes ! D'autre part, une population réservée et même distante, une timidité féminine affichée, peu d'expansion chez les hommes. Je ne me souviens pas avoir entendu une copine me dire qu'elle s'était fait draguer par un Japonais ! Comment parler d'infidélité quand même leurs modèles sont si flous pour nous, Européens ? Il faut regarder les racines de ce pays, de cette grande île, pour comprendre les Nippons.

Il existe au Japon une véritable séparation entre la sphère publique et la sphère privée, entre la figure extérieure (*lalemaé*) et la réalité interne (*hon-né*). Cette frontière se reflète ainsi dans l'absence de contacts physiques pour se saluer. Elle différencie la sexualité dans le mariage, emplie de devoirs, où l'érotisme est souvent absent, et la sexualité hors des liens matrimoniaux. La loi civile Meiji prédomine jusqu'en 1947 et l'entrée en vigueur de la Constitution rédigée sous l'occupation américaine. Au début de l'ère Meiji en 1868, l'ordre féodal et les privilèges ont été détruits. Le dévouement à l'empereur (jusqu'à la mort) se manifeste dans l'organisation patriarcale de la famille et sa morale. Après avoir eu plusieurs enfants, les hommes sont autorisés à avoir des relations extraconjugales avec des professionnelles ou semi-professionnelles. Les maîtresses ne peuvent avoir le statut d'épouses légales. En revanche, si l'épouse officielle n'a pas eu de garçon, un mâle né d'une relation illégitime peut devenir l'héritier principal, car le fils assure la succession familiale. La frustration sexuelle fait partie intégrante de la vie de l'épouse. On offre souvent à la jeune épouse un petit meuble à tiroirs contenant différents outils pour se masturber. C'est d'ailleurs la raison pour laquelle les Japonais ont été à la pointe en matière de sex toys. Les revues pornographiques pour femmes ont aussi existé très tôt. Hors mariage, l'érotisme devient sans limites, et les maisons closes situées dans des quartiers destinés au sexe, comme le fameux Yoshiwara à Tokyo, connaissent un grand succès. Pourtant, si la prostitution reste officiellement prohibée, elle existe dans des endroits spéciaux comme les « bains turcs » (aujourd'hui, elle est en principe interdite depuis 1958, mais cependant tolérée). Pour les jeunes filles, les relations sexuelles prémaritales sont admises après le secondaire et jusqu'au mariage. La législation familiale est égalitaire depuis 1945, le statut légal des femmes se calquant sur celui des femmes aux États-Unis. L'avortement devient très fréquent avec sa légalisation en 1948. La pilule n'est officiellement autorisée qu'en 1999. Son utilisation reste pourtant marginale (chiffre surprenant, 2,5 % des Japonaises l'utilisent de nos jours contre 55 % des Françaises). Avec la hausse des avortements et le déclin de la natalité, les conservateurs ont voulu créer un sentiment de culpabilité chez les femmes, en faisant construire, à partir de 1970, des nouveaux temples dans des cimetières pour « embryons » ou « enfants non nés ».

Jadis, la société japonaise imprégnée de confucianisme considérait comme immoral un amour qui passerait avant la famille. Désormais, le mariage d'amour est prépondérant au pays du Soleil-Levant. Ce qui évidemment... entraîne une hausse des divorces ! Les raisons qui font que l'on se marie par bon sens sont bien plus durables que le moindre sentiment... Les inégalités entre les sexes sont profondément ancrées dans la culture nippone, particulièrement sur le marché du travail. La pression sociale très forte, rend difficile pour une femme de travailler en étant enceinte, même en étant mère. Les femmes retrouvent rarement la vie active avant que leur enfant atteigne l'âge de trois ans. La majorité d'entre elles espère épouser un homme riche et ne plus travailler. Dans les grandes villes japonaises, les logements ont généralement de petites superficies. L'intimité du couple en souffre beaucoup avec la naissance du premier enfant. Cela pousse en partie les hommes comme les femmes à développer une sexualité en dehors du foyer conjugal.

La majorité sexuelle étant fixée à l'âge de treize ans, il n'est pas rare de voir des lycéennes ou de jeunes femmes au foyer fréquenter des hommes adultes (souvent mariés) et monnayer des relations (*Enjo kōsai*), restant souvent amicales, avec de l'argent ou des cadeaux de luxe. La réciproque avec des femmes mûres existe aussi (*Gyaku enjo kōsai*). Ce phénomène touche l'ensemble de la société nippone, qui a vu aussi bien des professeurs, des grands patrons, des membres du gouvernement que des moines se faire arrêter dans des affaires d'*Enjo kōsai*. On a commencé à observer cette forme de prostitution à la fin des années 1980. Comme un révélateur des dérives d'une société de consommation, où les parents ne peuvent plus subvenir aux besoins matériels inassouvissables de leurs enfants.

J'ai beaucoup ri en apprenant qu'il y avait eu un essor incroyable de la prostitution au Japon au moment de la période dite de « miracle économique », parce que les loisirs nocturnes étaient… déductibles des impôts !

Je

L'infidélité la plus commune est certainement l'infidélité à soi-même. On s'était promis de ne jamais prendre de kilos superflus, de ne jamais être conciliant envers le racisme, de ne jamais mentir aux siens. Et l'on se surprend à agir et/ou parler contre ses propres engagements. Changement bien normal ? Non, puisqu'on continue à adhérer aux principes qu'on s'était, croit-on, choisis. On découvre ainsi peu à peu qu'il y a deux réalités, la réalité du discours intérieur, et la réalité du comportement. Faire coller les deux relève de l'héroïque. Nul n'a mieux exprimé cette dualité que James Joyce dans son roman *Ulysse* où le personnage central vit en une journée à Dublin toutes les vicissitudes de l'*Odyssée* non plus sur un mode épique mais sur un mode bien prosaïque, bien médiocre, bien humain au sens d'un autre personnage archétypique de Joyce, H.C.E. « Here Comes Everybody », vous et moi en quelque sorte. Aller contre ses élans, son désir, son état amoureux, est-ce une fidélité à ses principes ou une infidélité à ses instincts ? La réponse que l'on se fait est sans doute celle qui nous définit en tant qu'être humain.

Judaïsme

On est juif par sa mère. Évidemment, elle est la seule dont on puisse s'assurer qu'elle est bien la procréatrice d'un être. À l'époque, les tests ADN n'existant pas, cela permettait non seulement cette transmission mais aussi la certitude que cette religion non prosélyte ne s'éteindrait pas complètement. Cette affirmation est en soi l'acceptation que l'infidélité est dans la nature de l'être humain. Les religions sont donc là pour effrayer cette nature et ordonner la société selon une raison qu'elle veut plus forte que l'instinct. Hommes et femmes sont traités de la même façon face à l'adultère qui est interdit.

« L'Éternel parla à Moïse, et dit : Si un homme commet un adultère avec une femme mariée, s'il commet un adultère avec la femme de son prochain, l'homme et la femme adultères seront punis de mort » (Lévitique XX, 10). La religion juive est une religion monogame, en revanche le divorce y est autorisé (voir *Guett*). Cependant la religion a évolué car l'unique couple monogamique de l'Ancien Testament est celui d'Isaac et Rébecca. *La Misnah* donne le droit aux rois d'avoir dix-huit concubines. Elle interdit à un homme de se remarier avec une femme qui a été soupçonnée d'adultère et répudiée. Salomon avait 700 femmes et 300 concubines.

À partir du xe siècle, la polygamie est pratiquement abolie. Elle le sera officiellement à partir du xiiie siècle par un décret du synode rabbinique de Worms. Les juifs d'Allemagne deviennent ainsi monogames, puis ceux du reste de l'Europe. Les juifs en terre d'islam gardent cependant le droit d'avoir quatre épouses.

Le code matrimonial de Maïmonide autorise la femme à se séparer de son mari pour incompatibilité d'humeur. « Si la femme déclare ne pas aimer son mari… même sans en donner les raisons, on contraint le mari de la libérer. »

On peut soumettre son épouse au rituel des « eaux de malédiction » (Nombres, V, 11-31). Dans le Talmud, le livre Sota est entièrement consacré au jugement de la femme adultère.

Jules et Jim

Roman de Henri-Pierre Roché publié en 1953, décrit en son temps par son éditeur Gallimard comme « un pur amour à trois ». Basé sur les journaux intimes de son auteur, il raconte son histoire d'amour avec Helen Grund, femme de son ami très proche, l'écrivain allemand Franz Hessel (Jules dans le livre).

L'amitié entre Henri-Pierre Roché et Franz Hessel commence en 1906. Ils viennent tous deux de milieux bourgeois et ont raté leurs études. Ils fréquentent le milieu intellectuel et artistique de Paris, qui se réunit régulièrement aux mardis de la Closerie des Lilas. Très vite inséparables, ils vont jusqu'à s'échanger des maîtresses et analyser ensemble leurs sentiments à leur sujet, lors de nombreux voyages. Ils poussent même l'une de leurs maîtresses, démasquée par son mari et rongée par la culpabilité, au suicide. Ils refusent la notion d'engagement dans le couple et demeurent ouvertement polygames durant presque l'ensemble de leur vie. La vie sentimentale de Roché sera toujours très chaotique, de jongler avec ses maîtresses comme avec son épouse, et à mentir régulièrement. C'est en 1912 que Franz Hessel présente sa future femme, Helen Grund (Catherine dans le roman), à Henri-Pierre Roché qui en tombe follement amoureux et restera obsédé par elle jusqu'à la fin de sa vie. En 1920, quand Helen se lassera de Franz, Henri-Pierre Roché aura une aventure avec la femme de son ami, alors qu'il séjourne chez eux dans leur maison près de Munich. Démarre ainsi une relation triangulaire avec différentes ruptures et réconciliations. Son union avec Helen, qui a d'autres amants, devient libre en 1925. Dans le livre et l'adaptation cinématographique, contrairement à la réalité, le dénouement de l'histoire est tragique. Le personnage de Catherine, inspiré par Helen Hesse et joué par Jeanne Moreau, ne supporte plus ses doutes intérieurs et ses errances sentimentales. Elle finit par se suicider en empruntant un pont détruit au volant de sa voiture, entraînant Jim dans sa mort, pendant que Jules assiste, impuissant, à la chute du véhicule. Helen Grund, toujours vivante à la sortie du film, déclarera en 1964 : « Je suis morte et je vis encore », allusion à la fin du film.

Ce n'est qu'après le décès de Franz Hessel que le grand collectionneur d'art Henri-Pierre Roché s'attelle au travail de l'écriture. Il réalise enfin son rêve de jeunesse en publiant son premier roman *Jules et Jim* à l'âge de soixante-treize ans.

Avec l'adaptation cinématographique de François Truffaut sortie en 1962, l'œuvre gagne une renommée en France et même dans le monde.

On s'est connus, on s'est reconnus
On s'est perdus de vue, on s'est reperdus de vue
On s'est retrouvés, on s'est séparés,
Puis on s'est réchauffés...

Le refrain de la célèbre chanson du film *Jules et Jim*, entonné par l'envoûtante Jeanne Moreau, résonne longtemps dans le cœur une fois qu'on l'a entendue. Car l'histoire de *Jules et Jim*, que François Truffaut et son scénariste fétiche Jean Gruault ont adaptée en 1962 est celle d'une passion originale, troublante et attachante. C'est l'alliance fusionnelle et syncopée de Jules (Oskar Werner), de Jim (Henri Serre) et de Catherine (Jeanne Moreau). Une grande histoire d'amour à trois qui commence avant tout par une amitié profonde. Le récit se déroule à Paris, juste avant la Première Guerre mondiale. Jules l'Autrichien et Jim le Français assistent à l'arrivée fracassante dans leur vie de Catherine dont ils tombent tous les deux amoureux, ce qui déstabilise leur union exclusive. Il est très vite établi que c'est Jules qui sera le compagnon de Catherine. Pour ne perdre ni l'un ni l'autre, Jim accepte son sort, il devient même le parrain de leur petite fille. Et puis la guerre survient et sépare les membres de cet étrange trio. Les deux hommes de nationalités différentes n'ont qu'une peur : se tuer au combat. Au cours de cette période sombre de l'Histoire, Catherine s'éloigne, prend des amants… le trio est réuni après-guerre et Jim constate que Catherine et Jules ne s'aiment plus. Il se rapproche alors de Catherine, sans que Jules s'en offense. Ils projettent même d'avoir un enfant… Mais leur passion brûlante laisse vite place à un climat tendu. Le paroxysme de l'échec de ces interdépendances est atteint à la fin du film quand Jules assiste, impuissant, à la chute dans une rivière, préméditée par sa conductrice, de la voiture de Jim et Catherine…

Quand Truffaut, âgé alors de moins de trente ans, réalise *Jules et Jim*, son troisième film, il dit avoir essayé d'avoir le regard de quelqu'un de très âgé, à la fin de sa vie. Il adaptera aussi en 1971 le deuxième roman autobiographique de Roché, *Les Deux Anglaises et le Continent*, autre récit d'un triangle amoureux, et *L'Homme qui aimait les femmes*. Le réalisateur, tout comme l'écrivain, a d'ailleurs été toute sa vie un séducteur pathologique. Il dira avoir probablement réalisé *Jules et Jim* pour faire plaisir à sa mère, qui avait souffert de son premier film *Les Quatre Cents Coups*, où il la dépeignait comme une femme adultère très peu maternelle. Raconter cette histoire de ménage à trois, c'est traiter de « deux enfants amoureux de leur mère ». C'est une reine qu'il met en scène, imposant ses volontés aux hommes pour réinventer l'amour. Catherine, comme l'a exprimé Jeanne Moreau à propos de son personnage, va au bout de sa liberté : qui n'a pas rêvé de ne pas avoir à faire face au choix ? C'est vrai que l'on peut aimer deux personnes en même temps, pour des raisons différentes, convergentes, complémentaires, parallèles. L'un peut être le reflet de l'autre et mettre en valeur l'autre. C'est ainsi qu'elle entraîne ses amants dans ce fameux tourbillon sur lequel le temps n'a pas de prise.

K

Kardashian (Clause)

Khloé Kardashian, sœur de Kim, vit une histoire d'amour très mouvementée avec le basketteur Lamar Odom. Ils se sont mariés un mois après leur rencontre à une réception organisée par son équipe, les Lakers. On a pu voir leur mariage dans l'émission de télé-réalité consacrée à la famille Kardashian, produite par la chaîne TV E !. Le couple a même eu droit à son spin-off, l'émission « Khloé & Lamar », dont la diffusion est arrêtée après deux saisons.

Lamar a eu une enfance très difficile. Son père a longtemps été héroïnomane, et sa mère est morte d'un cancer du colon alors qu'il n'avait que douze ans. Il a lui-même connu de nombreux problèmes de drogue et d'alcoolisme. En août 2013, il est arrêté pour conduite en état d'ivresse et refuse de se prêter à des tests sanguins pour vérifier la présence d'éventuelles autres substances. En décembre de la même année, Khloé remplit une demande de divorce après les déclarations de deux femmes, Jennifer Richardson et l'avocate Polina Polonsky, qui avouent avoir une relation avec le joueur. C'est à la suite du scandale qu'apparaît dans les journaux la fameuse « clause Kardashian », bien avant celle du contrat de mariage délirant de sa sœur Kim avec le rappeur Kanye West. En effet, si le couple doit diviser chacune de leurs possessions lors d'une séparation, comme leur Rolls-Royce à 500 000 dollars, leur Porsche Panamera à 140 000 dollars, ou encore la bague de fiançailles à 850 000 dollars, Lamar doit aussi donner à Khloé 500 000 dollars pour chaque année de mariage, s'il existe une preuve incontestable d'adultère commis par celui-ci.

L'infidélité, chiffrée, est-elle par là rendue encore plus dangereuse et donc plus excitante ?

En octobre 2015, on retrouve Lamar inconscient dans un bordel du Nevada, victime de problèmes de reins et d'attaques cérébrales causés par la consommation de produits stupéfiants. Le couple décide d'interrompre le cours de leur divorce, alors que Khloé reste au chevet de son mari.

Kurt et Courtney

Quand le leader de Nirvana rencontre la chanteuse du groupe Hole, son trio s'apprête à devenir le plus grand groupe du monde avec la sortie de l'album *Nevermind* quelques mois plus tard, alors que la formation de Courtney Love connaît une certaine hype qui va s'agrandir avec la sortie de *Pretty On The Inside*. À l'époque, Courtney sort avec une autre rock star, Billy Corgan, des Smashing Pumpkins. Lassé de l'indécision et des jeux amoureux de la blonde peroxydée, Billy décide de rompre : elle ne peut continuer à passer des bras d'une rock star A à ceux d'une rock star B. Ainsi Courtney se fixe avec la dernière grande icône du rock, le génie du grunge, Kurt Cobain. Ils partagent malheureusement tous deux une passion pour l'héroïne, qui au début de leur relation les rapproche. La plupart des amis de Kurt et Courtney, comme la bassiste de Sonic Youth, Kim Gordon, ne voient pas d'un bon œil cette romance, qui ne peut que pousser le déjà fragile

Kurt vers l'autodestruction, et l'éloigner de son entourage. En février 1992, Courtney découvre qu'elle est enceinte et le couple se marie à Hawaii. Leur unique fille, Frances Bean Cobain, naît le 18 août de la même année. On accusera souvent par la suite Courtney de profiter de la célébrité de son mari, mais la pression des journaux à scandale est telle qu'elle et son mari s'en seraient bien passés. On lui reproche d'être une mère indigne et de s'être shootée pendant sa grossesse. À la suite de ces accusations, les services sociaux de Los Angeles iront jusqu'à leur retirer provisoirement la garde de leur fille.

Kurt supporte de moins en moins la pression inhérente à son succès, et l'image qu'il a de lui-même se dégrade terriblement, enfermé dans le cercle vicieux de l'héroïne où il cherche le réconfort. C'est Courtney qui lui sauvera la vie alors qu'il fait une overdose avant un concert à New York en 1993, puis une autre à Rome en mars 1994, qui selon son épouse ressemble davantage à une première tentative de suicide. Il n'est pas infidèle contrairement à la plupart des rock stars en tournée, sa compagne dira même de lui que la fidélité à une seule femme l'excite. On rapporte de nombreuses rumeurs de flirts de Courtney, mais rien de très sérieux apparemment.

Kurt et Courtney

À la fin du mois de mars 1994, ses proches organisent une « intervention », grâce à laquelle il accepte d'entrer en cure de désintoxication. Très vite il s'échappe de la clinique, et Courtney engage un détective privé en précisant que son mari est suicidaire et porte une arme. Un électricien retrouve le corps sans vie du chanteur âgé de vingt-sept ans, qui s'est tiré une balle dans la tête. Avec la sortie posthume de l'*Unplugged* de Nirvana et l'un de ses titres phares, la reprise du titre de Leadbelly, *Where Did You Sleep Last Night*, les spéculations autour de la droiture de son épouse vont bon train. On dira que l'intensité dans la performance de la star durant cette chanson est alimentée par les problèmes de son couple. On ira, comme dans l'atroce film *Kurt and Courtney*, jusqu'à dire qu'elle a organisé son assassinat par le fameux détective privé.

L

Lady Chatterley

Véritable manifeste libertaire avant l'heure, *L'Amant de Lady Chatterley* paraît en 1928, avant d'être censuré un certain nombre de fois jusque dans les années 1960. Contant l'histoire d'une jeune femme de l'aristocratie anglaise qui, ayant épousé un riche et souffreteux propriétaire terrien devenu impuissant, cherche à assouvir ses désirs avec son garde-chasse, le roman possède la particularité de ne jamais véritablement remettre en cause les qualités morales de sa jeune héroïne. Dans un cadre dont le bucolisme rappelle celui des romances pastorales initiées par Honoré d'Urfé, l'auteur cherche en effet avant tout à dépeindre l'ensemble des joies et des plaisirs engendrés par une relation naissante et basée sur un désir effréné. C'est ainsi que, tout en faisant habilement rimer ravissements érotiques et voluptés rustiques, D.H. Lawrence parvient à mettre en scène l'histoire d'un couple qui paraît d'autant plus heureux qu'il semble n'obéir qu'à ses propres lois et désirs. Il faut d'ailleurs, à ce propos, signaler l'importance du mari qui, bien qu'intrinsèquement lié à la poussiéreuse noblesse de son époque, possède assez de délicatesse pour permettre à sa jeune femme de combler ses ardeurs dans les bras d'un autre homme. C'est que pour Lawrence, en effet, « l'obscénité n'apparaît que si l'esprit méprise et craint le corps, si le corps hait l'esprit et lui résiste ». Rien de condamnable ou de répréhensible ne paraît ainsi pouvoir découler d'une relation qui prend ses sources mêmes dans une joyeuse glorification du corps et de la nature. Le mari, dont le corps lui-même n'est pas sans suggérer une forme de décadence, paraît quant à lui davantage personnifier la détérioration d'un monde devenu pervers et maladif à force d'ôter au corps toute l'importance qui lui revient.

À l'inverse d'un Pierre Louÿs qui, plus « fin de siècle », semble mesurer l'intérêt d'une relation érotique à l'aune de l'avilissement et du vice qu'elle engendre, D.H. Lawrence prône une sexualité finalement très moderniste et qui, arcadienne tout autant qu'hygiéniste, paraît annoncer celle que revendiqueront les différents mouvements de la contre-culture ainsi que toute la révolution sexuelle des années 1960.

En Grande-Bretagne, lors de la publication du livre, l'éditeur Penguin Books fut poursuivi en justice sous la loi des publications obscènes, mais le verdict fit jurisprudence considérant que l'œuvre pouvait traiter de tous les sujets s'il était démontré qu'elle avait une valeur littéraire. Ce qui a choqué au-delà de l'adultère et de l'emploi d'un vocabulaire cru, c'est que les amants soient issus de deux classes sociales différentes et qu'une aristocrate puisse tromper son mari avec un homme de la classe ouvrière…

Libertin

Vient du terme *libertus* qui en latin signifie « qui vient d'être libéré », c'est-à-dire qui n'est plus un esclave, mais un être « affranchi ».

Le libertinage, inspiré par Épicure, est apparu en Italie au XVIe siècle. Il s'agissait de faire prévaloir la liberté de penser de l'être humain sur la morale religieuse.

Dans *Don Juan*, Molière emploie ce terme afin de parler d'un esprit non contraint, un être affranchi de la pensée établie, qui réinvente sa vision du monde sans que pèsent les contraintes dogmatiques ou religieuses. Un libre penseur, en somme. Les libertins représentaient alors un vrai danger pour les institutions gouvernantes : Dieu était la raison d'exister de la monarchie. Comment le remettre en question sans ébranler tout le système en place ?

Aujourd'hui, le mot « libertin » est exclusivement employé dans un usage à connotation sexuelle. C'est plus un être aux mœurs débridées, en tout cas loin de ce qu'exige la bienséance traditionnelle.

Lys dans la vallée (Le)

Ce grand roman, qui fait partie des *Études de mœurs* d'Honoré de Balzac, met en scène Félix de Vandenesse, un jeune homme de l'aristocratie, et une belle jeune femme (plus âgée que lui cependant, il a dans les vingt ans et elle plutôt trente). Leur rencontre a lieu dans un bal à Tours : pris d'un irrésistible désir, il embrasse son épaule, ce qui offense la dame. Nous sommes en 1814...

Plus tard, en se promenant dans la vallée de l'Indre, Félix tombe sur le château de Mortsauf, et découvre que c'est là que vit la belle du bal. « Elle était le lys de cette vallée. » Elle se nomme Blanche de Mortsauf, mais il la surnomme toujours Henriette. Il est accueilli, et fait connaissance avec son mari, le comte de Mortsauf, un homme sombre et solitaire. Félix vient souvent, il laisse le mari d'Henriette le battre aux cartes tandis qu'il lui apporte des bouquets extraordinaires, qui sont à travers les descriptions de Balzac de véritables déclarations d'amour passionné et sensuel.

Y figurent même pour les plus attentifs nombre d'allusions sexuelles. Malgré cela, l'histoire entre Henriette et Félix demeure absolument platonique, elle reste distante et il la respecte.

Nous sommes à l'époque de la Restauration, et la famille de Félix, un temps appauvrie, retrouve ses biens et ses privilèges. Félix part à Paris, avec une lettre d'Henriette qui l'aide à se (re)faire une place, il y mène la vie d'un jeune dandy de son rang, proche du roi.

En 1817, il revient en Touraine, et au château, pour aider Henriette à soigner son mari. Malgré leurs sentiments, leur haute conscience d'eux-mêmes les empêche de passer à l'acte. Félix et son Henriette restent chastes. Et le demeureront.

C'est un renoncement à l'adultère mais ce qu'ils ressentent est déjà une trahison envers le comte de Mortsauf.

De retour à Paris, Félix rencontre une Anglaise, Lady Dudley, qui l'initie à l'amour physique. Henriette sait cela bien sûr et cesse de lui écrire. Il revient la voir, elle émet des doutes sur l'existence qu'il mène. Félix finit par retourner à Paris et à son Arabelle Dudley. Mais Henriette est mourante. L'abbé parle d'un chagrin qui la consume.

Pour qui a connu une vraie peine de cœur, on se dit qu'on pourrait en mourir, et au temps des châteaux sans Wifi, ça arrivait plus fréquemment.

Lys dans la vallée (Le)

Le roman est construit en deux parties : la première est le récit que fait Félix des sentiments qu'il a éprouvés pour Henriette sous forme d'une longue lettre d'aveux adressée à Natalie de Manerville, dont il est tombé amoureux après la mort d'Henriette. La seconde ne fait qu'une page, c'est la réponse de Nathalie qui renonce à l'honneur douteux d'aimer un homme qui a connu deux femmes exceptionnelles et qui ne se sent pas capable de lutter contre leurs souvenirs.

Le Lys dans la vallée est un roman sur le désir. Celui inassouvi d'Henriette pour Félix et de Félix pour Henriette, désir qui finalement la tue sans qu'elle l'ait réellement exprimé. C'est l'histoire du désir, charnel cette fois, de Félix pour Arabelle. Et c'est enfin l'histoire de celui de Nathalie qui serait la femme complète pour Félix, alliant ses amours platoniques et charnelles précédentes. Mais jalouse *a posteriori* des autres femmes de la vie de Félix, dont elle vit les relations comme une forme d'infidélité.

Peut-on penser en épousant un veuf ou un être qui a aimé et continue à ressentir quelque chose pour un être du passé que l'on sera éternellement trompée ? Cette infidélité de l'imaginaire jamais rassasié est-elle un danger ; une douleur ou un simple masochisme ?

M

Maîtresse

Du latin *magister*, forme féminine de maître. La maîtresse est la femme qui a des relations avec un homme marié. L'étymologie du mot est importante parce qu'elle est celle qui dirige, qui détient le pouvoir, alors qu'elle ne devrait être qu'une seconde, une femme de l'ombre. Le mot en soi est menaçant et plane sur le couple comme si la maîtresse était celle du destin, qu'elle en tenait les ficelles. On pense pourtant souvent aux maîtresses comme à des femmes éplorées qui attendent une attention devant leur téléphone. Dans les années 1930, Fanny Hurst, une écrivaine américaine, écrit *Back Street*, un best-seller, l'histoire d'une maîtresse qui a accepté son destin de seconde. Mais les maîtresses ne sont pas toutes des doublures-lumière. De nombreuses femmes revendiquent ce statut et se félicitent même d'échapper au modèle d'un couple dans lequel elles seraient soumises à de nombreuses contraintes.

Être la maîtresse, c'est aussi être en concurrence avec sa mère ou sa sœur et tenter d'être préférée par l'homme qui symbolise alors le père. Dans les jeux fétichistes adultes, la maîtresse est aussi la dominatrice, celle qui mène le bal et soumet son esclave sexuel.

Mais c'est en réalité la plupart du temps une position de faiblesse et de solitude. Une situation d'attente douloureuse. Souvent les femmes qui s'installent durablement comme maîtresses ont vu leur mère agir de la sorte ou avaient le sentiment d'être la moins aimée de la fratrie. Elles reproduisent ainsi un schéma qu'elles connaissent et qui satisfait une part masochiste. Plus elles attendent en pleurant devant leur téléphone, plus elles aiment ça. Elles ne croient pas mériter d'être aimées mieux que ça. Et obtenir mieux est pourtant tout ce à quoi elles s'imaginent aspirer.

Minotaure

Le Minotaure est né de la vengeance de Poséidon. Minos n'ayant pas tenu sa parole en laissant la vie sauve au taureau blanc que le Dieu des mers avait fait surgir de son royaume et qui était pourtant destiné au sacrifice, Poséidon jeta un sort à Pasiphaé, la femme du Minos, qui tomba amoureuse de l'animal et donna naissance à leur enfant mi-homme, mi-taureau : le Minotaure. Celui-ci fut enfermé dans un labyrinthe dont il ne trouvait pas l'issue. On y envoyait tous les neuf ans sept jeunes filles ou garçons tirés au sort qui y mouraient. Thésée, le fils d'Égée, fut désigné, mais sur le chemin il rencontra Ariane, la fille de Minos, qui lui donna une bobine de fil afin qu'il retrouve son chemin et revienne à elle, ce qu'il fit après avoir tué le Minotaure à mains nues.

De retour à Athènes, Thésée oublie de changer les voiles noires de son bateau, et son père Égée se jette dans la mer, pensant que son fils est mort dans le labyrinthe du monstre.

Je ne sais pas qui était leur dealer à l'époque, mais franchement, les mecs qui ont écrit ça ont soit du génie, soit ils ont mangé des champignons hallucinogènes.

C'est donc l'amour, le sentiment noble de l'amour pur de jeunes gens qui semble pouvoir mettre en échec le symbole du combat éternel avec les pulsions animales qui nous enferment. Quête initiatique pour chacun d'entre nous, afin de détruire notre monstre intérieur, le Minotaure est un symbole maintes fois utilisé dans l'art.

Dante l'a transformé en un monstre à tête d'homme et corps de taureau. Rodin et Picasso l'ont sculpté. Borges et Dürrenmatt ont chacun à leur tour revisité le mythe en transformant le monstre en un être doux et incompris, véritable héros.

Dans l'œuvre de Pablo Picasso, le Minotaure a un sens tout particulier. Lorsque le peintre quitte Olga pour Marie-Thérèse Walter, il représente le Minotaure qui s'accouple avec une femme portant les traits de sa maîtresse. Dans certaines peintures de la même époque, le Minotaure est illustré participant à des orgies où il se tient debout, tandis que les femmes au sol sont blessées avec un cheval, sorte de représentation à mi-chemin entre le mythe, la tauromachie et sa vie personnelle. Picasso n'écoute que son instinct, son désir et son animalité. Son intellect transforme ce qu'il a de monstrueux en œuvres sublimes. C'est son expiation.

J'ai toujours imaginé le Minotaure comme un animal sexué, prisonnier de ses pulsions, courant autant pour échapper à son destin que pour trouver un être qui assouvirait ses désirs. C'est évidemment des tunnels de l'inconscient qu'il s'agit et desquels on ne peut échapper. Sexe, transgression, sacrifice, l'homme ne peut naître qu'à partir de l'exploration de son animalité. Et quand il parvient à dompter ce monstre en lui, à sortir du labyrinthe, alors il « tue » son propre père en ne changeant pas les voiles du bateau…

Symbolique éternelle. Tout est contenu dans ce mythe.

Modification (La)

Qu'est-ce que l'amour de l'autre, sinon un miroir qu'il nous tend ? Nous avons envie d'aller vers celui qui nous offrira le plus beau reflet de nous-mêmes. À certains moments de notre vie, c'est un visage émacié et un sourire irrésistible qu'on veut voir, à d'autres une belle âme, ou encore de la transgression... Il est rare que la même personne nous regarde comme on le voudrait toute notre vie, car nous sommes tout et notre contraire.

C'est le sujet de *La Modification* de Michel Butor, un roman de la fin des années 1960. Léon Delmont, un Parisien marié, fait un voyage en train pour rejoindre sa jeune maîtresse à Rome. Employant dès l'incipit de son livre le pronom « vous », l'auteur oblige d'emblée le lecteur à s'identifier et à se mettre à la place d'un homme dont le comportement infidèle s'oppose aux mœurs bourgeoises de son temps. Ainsi, le lecteur rentre directement dans la peau d'un homme entre deux âges, dont le corps ne répond plus forcément à ses désirs et, surtout, dont la vie semblerait quelque peu austère et vaine si n'y irradiait la présence de son nouvel amour. On comprend d'autant mieux dès lors que celui-ci ait choisi de rejoindre sa maîtresse afin de lui annoncer qu'il quitte sa femme et ses enfants, cela dans le but de s'établir enfin avec elle. Il réclame un nouveau reflet qui l'empêcherait de vieillir : se détester.

Une véritable « modification », que nous pourrions également qualifier de « retournement de situation », s'opère pourtant chez le personnage/lecteur au cours de ce trajet de près de vingt-quatre heures en train. Prenant en effet peu à peu conscience que son ancienne vie familiale, toute bourgeoise, grisâtre et sans surprises qu'elle est, n'est pas sans attraits, celui-ci décide de rentrer en son foyer parisien une fois parvenu à Rome et, surtout, de ne pas contacter sa jolie maîtresse. À ce moment-là, le lecteur qui fait comme corps avec le héros n'est pas sans éprouver quelques déceptions puisque c'est bel et bien la moins sentimentale des possibilités que ce dernier choisit de suivre. On peut comprendre, en effet, qu'un homme lassé de ses devoirs et de sa routine ait eu la tentation de tout abandonner pour se réfugier sous le soleil romain, auprès d'un corps et d'un amour plus jeunes. C'est donc le tournant le moins romantique et sentimental imaginable que l'auteur choisit de faire prendre à son œuvre, allant ainsi à l'encontre de bien des principes romanesques. Ce choix permet cependant de mieux comprendre le personnage qui, bien qu'un peu médiocre, n'en demeure pas moins très réaliste et finit par réagir de la manière la plus attendue possible. Le souci de confort, mais également de fidélité, qui finit en effet par envahir le héros du roman, fait finalement écho au « vous » identificateur en le rendant plus prosaïque et, de ce fait, abordable. Butor réussit ainsi le pari de décrire avec un réalisme empreint d'une grande tendresse une situation qui, si elle peut au premier abord sembler des plus plates, finit par devenir celle de potentiellement n'importe qui. Il s'inscrit dans la ligne du Nouveau Roman qui veut que le réalisme l'emporte sur l'intrigue. Le miroir n'a pas été nettoyé de sa poussière mais on préfère se souvenir de son reflet par la simple force de l'imagination et du renoncement.

Montespan (Louis-Henri de)

Quand Louis-Henri de Montespan épouse Françoise de Rochechouart, c'est le grand amour. Ils sont désargentés mais heureux... ils ne font qu'un, se nourrissant l'un de l'autre. C'est l'alchimie parfaite. Lorsque la grande beauté de Françoise et son statut de femme mariée lui permettent de devenir dame de compagnie de la reine à la cour du Roi-Soleil, Louis-Henri convainc sa femme d'accepter. Louis XIV ne tarde pas à être ébloui à son tour et à la mettre dans son lit : Louis-Henri le comprendra aisément lorsqu'il retrouvera sa femme enceinte alors qu'il ne l'a pas vue depuis onze mois... Notre marquis, au lieu de s'en réjouir et de profiter de tout ce que cette situation pourrait lui rapporter, presse sa femme de tout laisser tomber et de s'enfuir avec lui. Mais elle est déjà bien loin de son mari. Il est alors surnommé le « cocu magnifique » ou « le cocu de Montespan ». Blessé et furieux, il refuse honneurs et fortune alors qu'il traîne une meute de créanciers derrière lui. Ses provocations incessantes font scandale à la Cour et tout le monde, du bourgeois aux gens du peuple, se gausse de lui. Il fait peindre son carrosse en noir et y fait poser des cornes de cerf. Il déjoue des tentatives de meurtre. Il organisera ensuite les funérailles de son « amour », mettant une croix aux dates auxquelles il avait rencontré puis perdu sa femme… Le roi, agacé, finira par le jeter en prison, puis l'exilera sur ses terres en Champagne. Mais jusqu'à son dernier souffle, il ne cédera rien ! Lorsque sa femme, chassée de la Cour, le suppliera de la reprendre, il refusera : il était malade et ne voulait pas qu'elle le voie sous un mauvais jour.

O

Ocytocine

D'après des chercheurs allemands, il existe une hormone qui augmente l'envie de fidélité chez les êtres humains ; son nom est l'ocytocine, c'est une molécule fabriquée par notre hypophyse qui augmente par exemple le lien entre une mère et son bébé (voir Gènes et campagnols). C'est une sorte d'hormone de l'amour, elle est produite lors de l'émoi amoureux ou pendant l'acte sexuel. L'ocytocine favorise les relations sociales et on dit qu'elle serait utile pour lutter contre sa timidité. Plusieurs études ont montré qu'elle augmenterait la fidélité. Donc plus vous faites l'amour, plus vous augmentez votre taux d'ocytocine, plus vous êtes fidèle !

P

Pardon

Après l'infidélité, vient le temps de la découverte et des explications. Parce qu'une infidélité qui ne serait pas découverte n'existerait pas. L'arbre qui tombe au milieu de la forêt, est-il vraiment tombé ? Qui peut le dire ? Qui peut le prouver ? Mais une fois le tout avéré, pour éviter la probable séparation, c'est le temps des explications et des nuits sur le canapé.

Le sauvetage du couple marqué du sceau de l'infidélité passe évidemment par l'étape du pardon. Le grand, celui qui doit absoudre tous les péchés. C'est un long chemin de pénitence dans lequel doit se lancer l'infidèle découvert. Canossa en est la destination. Pieds nus dans la neige, tel le futur empereur germanique Henri IV qui a demandé pardon devant le pape Grégoire VII en 1077 pour faire lever son excommunication. Le pardon réclamé après l'infidélité est celui de la défaite, de l'humiliation et de la plainte désespérée pour obtenir l'oubli de ses péchés. Le fier séducteur consommateur de plaisir n'est plus qu'un pénitent implorant.

Le pardon exige du courage à celui qui va devoir souffrir pour l'obtenir, mais il demande plus de courage encore à celui qui l'offrira. Pardonner est ce qu'il y a de plus difficile mais aussi de plus noble. Après l'offense et la souffrance, comment pardonner ? Comment renoncer à se venger, et accepter de reconstruire ensemble ? Comment retrouver la confiance en l'autre ? Offrir son pardon est une immense générosité et une aventure personnelle courageuse. Nous n'avons pas tous la grâce du divin capable de l'offrir en échange de quelques contraintes alimentaires et trois prières. Le pardon est le grand enjeu du vivre-ensemble, comme l'ont compris l'Afrique du Sud au sortir de l'apartheid ou l'Algérie après la guerre civile. Pour continuer à vivre ensemble, il faut savoir pardonner. Avec une sage prudence, car comme l'écrivait Balzac : « On peut pardonner, mais oublier, c'est impossible. » Et pour espérer ce pardon, il ne reste plus à l'infidèle qu'à se rendre à Canossa, offrant tel le Chat potté de Shrek son plus implorant regard de contrition. Et priant pour un court séjour sur le canapé du salon.

Parfum et Cie

Dans le Larousse, le parfum est défini comme « une odeur agréable dégagée par quelque chose ». Sur le plan littéraire, c'est « ce qui éveille une idée, une impression agréable »...

Agréable, fleuri, vaporeux, boisé, musqué, chaud, ambré... Le parfum, c'est tout simplement l'intime. De jolis flacons, une certaine idée du luxe pour une odeur qu'on se choisit, qu'on se fait offrir, qu'on garde sur soi, qui se mélange à celle de notre peau, dont on aime qu'elle fasse, pour un temps au moins, partie de notre identité. Et dont on peut changer.

Pourquoi celui-là et pas un autre, en quelle occasion en changer ? Au changement de saison ? Selon ses partenaires ? Différents sites de rencontres extraconjugales ont mené leurs propres enquêtes sur le sujet et ont déterminé les parfums stars des infidèles car : « On ne choisit pas son parfum au hasard... Ni son amant ! Et si les deux allaient de pair ? » Porte-t-on toutes le même type de parfum quand on s'apprête à être infidèles ? Les hommes qui trompent leur femme sont-ils sensibles aux mêmes familles d'odeurs ? Préfèrent-ils les notes de tête végétales ou les fragrances plus minérales ?

Certains hommes fétichistes des odeurs offrent le même parfum à toutes leurs maîtresses. Un bon moyen pour ne pas se tromper et tromper en toute impunité. Un bon moyen aussi de se faire prendre… Car sentir son parfum quand on l'embrasse dans le cou est tout aussi suspect que de ne rien sentir du tout ! Le parfum, c'est la preuve ultime ! Si l'on trouve un long cheveu blond sur l'épaule de son homme, quand on est brune aux cheveux courts, le crime est supposé. Il peut rester tapi dans l'imagination, au stade du fantasme. Si, quelques jours plus tard, on aperçoit le léger rosé d'une trace de rouge à lèvres sur le col de sa chemise, les soupçons sont bien là, mais pas la preuve absolue encore. C'est l'odeur tenace du parfum d'une autre dans son cou, le lendemain, qui fait que le doute n'est plus permis. La vraie douleur qui serre le cœur, qui réveille notre animalité et sa violence. Et s'il a pensé à l'enlever justement ce parfum de l'autre, s'il sent le propre comme ça, à dix-neuf heures trente après une journée de boulot, comme s'il venait de prendre une douche, oui, exactement, comme s'il venait de prendre une douche… Alors là, il est pris la main dans le sac !

Et si finalement, le parfum n'était que l'arbre qui cache la forêt ? Quand on sait ce que le désir peut avoir comme lien avec les phéromones : l'attirance ou le dégoût commencent lorsqu'on les perçoit sans les sentir grâce à notre appareil olfactif.

Une étude a montré que, chez certains insectes qui forment un couple durant presque toute leur vie, l'odorat est si puissant qu'ils peuvent repérer la présence de leur partenaire à une distance équivalente à celle entre Paris et Avignon…

La mémoire olfactive est d'ailleurs souvent le plus fiable et le plus fidèle de tous nos sens. En un instant, sans qu'on comprenne pourquoi, peut nous revenir le souvenir du bouquet d'un bon vin, du souffle des fleurs au printemps, du fumet sucré des gâteaux de notre enfance, autant que l'odeur âcre et attirante de la peau d'un partenaire amoureux.

Après une nuit torride, et malgré une douche, on a toujours l'impression de sentir l'autre sur sa peau, car si on a une quelconque influence sur les odeurs de synthèse, il est bien inutile d'essayer de masquer les phéromones, cette force d'attraction, en prenant un « bain de parfum ». Le sujet est controversé, mais il semblerait que les phéromones jouent un plus grand rôle dans l'attirance physique entre deux êtres que le plus cher des artifices qui se vend en parfumerie. Et jusqu'à preuve du contraire, ces phéromones sont inodores… Le parfum a donc encore de longues heures devant lui pour faire tomber les masques des amants et des maîtresses infidèles.

Parties fines

En anglais « *a four way* », un « quatre sens », en espagnol « *una cama redonda* », un « lit rond »... Dans toutes les langues, sur toutes les bouches, la partie fine est un genre particulier de réunions érotiques à plusieurs, aussi excitantes qu'elles sont secrètes, aussi transgressives qu'elles restent taboues.

Au XVIe siècle, on appelle déjà « parties » des réunions destinées à la détente et à l'amusement mais sans aucun caractère sexuel. Ce n'est que plus tard, au XIXe, que la connotation libertine de ces rencontres est apparue. L'emploi de l'adjectif « fine » fait référence à la délicatesse et à la discrétion avec lesquelles ont les masquait aux yeux du public. En 1846, dans son *Dictionnaire d'amour*, Joachim Duflot donne la définition suivante pour ce type de partie : « Promenade de deux amants en tête-à-tête, loin des indiscrets, des curieux et des jaloux. » Admettons... Ne dit-on pas : « Et plus si affinités » ? Quoi qu'il en soit, si les « parties de campagne » ou les « parties de chasse » d'alors, souvent adultérines, étaient plus chastes, de nos jours, on n'évoque plus une partie fine sans penser au libertinage ou sans imaginer un soupçon de débauche... En France plus qu'ailleurs, s'envoyer en l'air en groupe est associé dans l'imaginaire collectif à une nébuleuse politico-artistico-people hédoniste sinon débauchée, qui se distingue par son goût du raffinement culturel autant que par sa désinhibition sexuelle... C'est bien ici que ce bon vieux marquis de Sade, la référence politique et littéraire incontournable en la matière, a œuvré. Et à côté du sien, dans le grand livre des libertins célèbres sont gravés les noms de nombreux notables de la littérature ou de la politique. Au cœur des années 80, loin d'Internet, la clandestinité entourait les clubs d'une rumeur. Il est cependant plus compliqué aujourd'hui de libertiner tranquille, même dans des clubs officiellement privés, parce que la médiatisation du libertinage a dévoilé beaucoup de ses secrets. Dans les grandes villes, les clubs autrefois tenus cachés sont connus de tous. Du coup, les gens connus, eux, les désertent. Le milieu de la débauche haut de gamme fait face à une sorte de crise contradictoire. Victime de son succès, le libertinage se noie dans la masse de ses adeptes. La mise en avant des adeptes people pour attirer les clients fortunés dans les clubs huppés parisiens a été efficace. Pour toute une population financièrement aisée et avide d'aventures socio-culturelles alternatives, la sortie libertine s'est banalisée, c'est la petite sortie du samedi. On n'est même pas obligé de participer puisque certaines boîtes commencent à établir deux tarifs, l'un pour ceux qui participent, l'autre pour ceux qui regardent. Certains établissements testent aussi des formules « découverte » pour accueillir les jeunes couples hésitants. Les clubs tournent à plein, mais tomber nez à nez (ou plus si affinités, donc) sur un ministre ou une chanteuse serait devenu plus rare. Les people se méfient de ce nouveau public... Aujourd'hui le cran au-dessus c'est la soirée privée dans un appartement. Des professionnels proposent leurs services au préalable et gèrent ça de main de maître… ou de maîtresse selon les goûts.

Peau douce (La)

Faisant les cent pas car il ne parvenait pas à finir de boucler le financement de *Farenheit*, François Truffaut décide pour patienter de tourner un film plus intime dans l'urgence...

Nous sommes en 1964 ; le cinéaste s'inspire de deux affaires de crimes passionnels qui ont fait grand bruit (les affaires Jaccoud et Nicole Gérard) pour écrire son scénario.

Le film, qui sera très mal accueilli à Cannes mais deviendra culte, raconte l'histoire de Pierre Lachenay (Jean Desailly), écrivain, directeur d'une revue à la mode et spécialiste de Balzac, qui trompe son épouse Franca (Nelly Benedetti) avec Nicole, une sublime hôtesse de l'air (Françoise Dorléac). Ils se rencontrent à l'occasion d'un déplacement à Lisbonne où Pierre part donner une conférence. Pierre ne peut se résoudre à interrompre cette liaison et semble même laisser son inconscient lui dicter une série de fautes grossières qui le pousseront à se faire pincer. Traité comme un thriller, Truffaut met l'homme coupable dans la position d'un être traqué qui paie chacun de ses mensonges, ne peut profiter de rien, chaque maître d'hôtel est un indic possible, chaque phrase doit être pesée.

Télégramme de Pierre à Nicole :

« Nicole. STOP. Depuis que je vous connais je suis un autre homme et cet homme ne peut envisager de vivre sans toi. STOP. Je vous aime. Pierre. »

Une fois démasqué, Pierre Lachenay quitte sa femme qui finira par le tuer dans un restaurant.

Truffaut filme l'amour de façon très « hitchcockienne », il l'a rencontré l'année précédente et il a conservé de leurs entretiens l'idée de filmer « l'amour comme un meurtre »...

Le film est en réalité assez autobiographique. Il a été en grande partie tourné dans le propre domicile du réalisateur, rue du Conseiller-Collignon à Paris. Voulait-il signifier à sa compagne d'alors, Madeleine Morgenstern, qu'il méritait la mort car il couchait avec Liliane David ? Ou peut-être simplement, comme un vampire, s'imprégner de l'ambiance qui flottait dans son appartement et de la tension de son propre couple pour en imprimer la pellicule ?

De plus, son héros porte le nom de famille d'un de ses amis d'enfance : Lachenay, pseudo de Truffaut lorsqu'il veut signer certains articles dans *Les Cahiers du cinéma*... Le couple se séparera définitivement quelques mois après le tournage.

Placard

L'amant dans le placard est dans l'inconscient collectif connoté au théâtre de boulevard, archétype du comique de situation comme peut l'être l'amant déguisé (ex…) ou le quiproquo. (Sosie…). Que ce soit dans *Hernani* ou *Le Mariage de Figaro*, c'est le symbole de ce qu'on cache. Un placard, c'est aussi là qu'on balance tout son désordre si quelqu'un débarque à l'improviste, ça donne la sensation d'être bien rangé, comme la vie, mais à l'intérieur, les choses sont plus compliquées. Si un placard plein d'un homme nu peut déclencher l'hilarité, un placard vide peut aussi être un signe de tristesse…

Polyamour

Idéal issu de l'amour libre des années 1970 et en opposition totale avec l'amour romantique du XIXe siècle ; le polyamour veut s'affranchir de la violence du désir comme de celle de la passion. Chez les romantiques, la mort est le seul moyen de se libérer de la douleur de l'amour, car la passion fait sortir le sujet du champ de la raison. Le polyamoureux tente de faire disparaître la culpabilité née du sentiment non exclusif. Il aime l'autre (les autres) avec une intensité qui n'est plus soumise à la force destructrice de pulsions passionnelles. Il a cependant des devoirs envers l'objet de son amour. Il souscrit différents contrats amoureux à durée indéterminée. Ceux-ci l'obligent à une transparence totale avec les autres parties signataires dudit contrat. Ne pas respecter sa parole devient la seule véritable tromperie. L'amour déclaré est alors une simple valeur ajoutée, un moyen de valoriser une relation par rapport à une autre relation purement physique, pour la conserver dans la durée. On multiplie les relations comme pour affronter le temps qui passe et donner à son cœur le don d'ubiquité. Le polyamoureux refuse de rater une possibilité d'accéder au bonheur.

Cette rationalisation de la relation amoureuse vient peut être de l'intrusion du capitalisme et de la contraception moderne dans la sexualité. Dégagée de la reproduction et donc de la filiation, la sexualité ne peut qu'exister dans une forme absolue de liberté. Si le polyamoureux se débarrasse du carcan judéo-chrétien et de sa vision traditionnelle et possessive du couple, il réintroduit de nouvelles règles réactionnaires dans le rapport amoureux. Donner son amour, quel que soit le nombre officiel de partenaires, engendre des obligations morales basées sur le respect mutuel. La liberté d'aimer nécessite ici beaucoup de dialogue pour arriver à un consensus. Cependant, comment prendre la décision d'être un polyamoureux au début d'une relation ? Alors que notre désir se concentre seulement sur l'objet de notre amour et qu'on n'a aucune envie de le partager… C'est sans doute une vision à la fois moderne et mature du couple. Il faut avoir vécu et connaître l'effondrement du désir pour accepter que, cette fois aussi, il suivra cette voie. Alors, on peut se dire qu'on aime un être assez fort pour qu'il soit celui avec lequel on veut partager sa vie, et nous autoriser mutuellement à ce que nos corps respectifs n'engendrent pas la possession du couple mais une liberté individuelle.

Polygamie

La polygamie s'oppose à la monogamie. La bigamie s'applique au cas d'une personne qui aurait contracté un nouveau mariage sans avoir révoqué le précédent et/ou sans que les deux conjoints concernés aient connaissance de la situation. Bien qu'ayant l'air de s'en approcher, la polygamie est aussi tout à fait différente du polyamour qui implique le partage de plusieurs partenaires amoureux au sein d'un couple initial. Le terme polygamie tient son origine de deux mots grecs : *polus* qui signifie « plusieurs » et *gamos*, qui veut dire « mariage ». L'étymologie de ce mot lui permet de signifier indifféremment le fait d'avoir plusieurs maris ou plusieurs épouses en même temps. L'emploi du terme de polyandrie (être marié à plusieurs hommes) et de celui de polyginie (être marié à plusieurs femmes) est donc impropre. Malgré tout, on les utilise de plus en plus pour marquer la différence entre ces deux pratiques. Pourtant ce serait mentir que de dire que les cas de polyandrie sont fréquents. Dans le monde, ethnologues et démographes recensent 85 % de sociétés polygames « de droit ». Parmi elles, 60 à 80 % n'utilisent pas ce droit et sont monogames « de fait » et seulement 1 % sont polyandriques !

Selon les endroits, la polygamie est tolérée sans être officiellement encouragée. C'est le cas de la plupart des pays à forte population musulmane, à l'exception de la Turquie qui l'a interdite en 1926 et de la Tunisie en 1957. À l'inverse, la polygamie est une pratique jugée négativement en Occident. De nombreux États la considèrent comme un délit. En France par exemple, il est impossible de conclure un mariage ou un PACS avec plusieurs personnes à la fois. Et depuis 1945, une ordonnance interdit même la délivrance de titre de séjour aux étrangers polygames.

Mais malgré une volonté de lutte contre ce phénomène, pour le bien des familles, la polygamie est parfois difficile à empêcher. En Belgique, jugés non responsables de la situation de leurs parents, les enfants de polygames sont protégés par la loi en cas de décision de « limitation du rassemblement familial », ce type de mariage étant « contraire à l'ordre public ». Au Canada, la polygamie est officiellement un crime. Mais dans le monde, la loi sociale n'est pas la loi religieuse. La Torah n'encourage pas la polygamie mais même si Moshe ou Yitzhak n'ont qu'une seule femme, il faut bien constater que nombre des « héros » des textes sont polygames comme Yaakov ou Shlomo qui compte pas moins de sept cents épouses. La polygamie est cependant officiellement interdite au XIe siècle du côté ashkénaze. Les sépharades ont suivi le mouvement.

Selon Jésus, l'homme s'attache à sa femme pour ne faire « qu'une seule chair », ainsi, chez les chrétiens, le mariage doit non seulement ne concerner que deux êtres mais doit, en plus, durer toute la vie, la répudiation, pratiquée chez les juifs, n'étant pas non plus autorisée. Il faut attendre le Moyen Âge pour que la constitution de Grégoire XIII interdise définitivement la polygamie.

Le Coran et ce que l'on sait de Mahomet ont amélioré le statut des femmes par rapport à celui qu'elles avaient dans l'ancienne société bédouine. Une sourate, notamment, tend à limiter la pratique de la polygamie : « [...] Épousez comme il vous plaira, deux, trois, ou quatre femmes parmi les femmes qui vous plaisent. Mais si vous craignez de n'être pas équitables, prenez une seule femme ou des esclaves que vous possédez. Cela afin de ne pas aggraver votre charge de famille » (Sourate IV-3).

Chez les hindouistes, la polygamie est tolérée : « On doit se servir du *Kâmasûtra* lorsque la passion est légère, mais lorsque la roue de l'amour tourne, il n'y a plus de règles ni de prescriptions à suivre »…

Chez les Mormons, elle était couramment pratiquée jusqu'en 1889 sous le nom de mariage plural.

Aujourd'hui, l'Onu recommande à ses membres d'interdire légalement la polygamie, considérant que « les mariages polygames constituaient une discrimination à l'égard des femmes ».

Proust

À la toute fin d'*Un amour de Swann*, le personnage éponyme s'exclame, parlant de son ancien amour pour Odette de Crécy devenue sa femme : « Dire que j'ai gâché des années de ma vie, que j'ai voulu mourir, que j'ai eu mon plus grand amour, pour une femme qui ne me plaisait pas, qui n'était pas mon genre ! » On se demande alors s'il est envisageable que Mme Swann, aux mœurs volages et à l'éducation peu raffinée ait réussi à se faire aimer car elle n'était justement pas aimable ; que ses infidélités supposées et répétées aient tant fait souffrir son amant qu'il en soit venu à confondre la douleur d'orgueil et la passion amoureuse au point de faire de l'ancienne courtisane son épouse. Ainsi les sentiments de Swann à l'égard d'Odette ne sont jamais si violents que lorsque celui-ci croit reconnaître dans sa chambre l'ombre de son rival.

Swann n'est d'ailleurs pas le seul personnage du roman à souffrir d'aimer passionnément, le narrateur lui-même prête une vie parallèle à Albertine qui décuple ses sentiments. Les deux hommes ont donc les mêmes ressorts amoureux et expliquent le goût des hommes pour les femmes « de mauvaise vie ». Pourtant Odette et Albertine sont en tout point différentes. Là où Mme Swann voit avant tout un moyen de garder en émoi le cœur de sa « victime » et en joue, Albertine finit par se sentir oppressée voire blessée par la jalousie de son amant au point de, ainsi que l'indique le célèbre titre du sixième tome de la *Recherche*, disparaître complètement (*Albertine disparue*). La possessivité du narrateur est angoissante et le fruit de ses suppositions hasardeuses et d'une volonté quasi maniaque de découvrir une vérité qu'il veut faire coïncider avec sa névrose, quitte à en souffrir. La paranoïa du narrateur semble par ailleurs n'avoir d'égale que la naïveté d'Albertine, au point que nous aussi nous mettons à douter d'elle. Et c'est tout le talent de Proust qui nous transforme ainsi, nous aussi lecteurs, en amants angoissés et inquisiteurs. Car, ainsi que le résume l'auteur, il est « étonnant comme la jalousie, qui passe son temps à faire des petites suppositions dans le faux, a peu d'imagination quand il s'agit de découvrir le vrai ».

Punitions

Nombreuses sont les civilisations qui punissent les « fornicateurs » coupables d'adultère. Enfin pour la plupart, ce sont surtout les « fornicatrices » qui sont punies. Chez les Amérindiens de l'Illinois, les femmes prises en faute avec un autre que leur régulier avaient le droit de décider de leur supplice : cheveux arrachés, nez sectionné ou viol collectif. On ne sait que choisir… Mais c'était déjà une chance comparé au très ancien texte juridique babylonien (1750 av. J.-C.), le Code de Hammurabi, qui condamnait les femmes infidèles à la noyade.

Plus tard, le Code justinien qui régissait l'Empire romain a allégé les peines. La femme adultère était seulement condamnée à rester cloîtrée deux ans. À la fin de cette période, son mari choisissait de reprendre sa femme ou de la laisser au monastère jusqu'à la fin de ses jours. Ça laissait le temps à une bonne réflexion.

Les Athéniens de l'époque classique (ve siècle av. J.-C.) étaient plus soucieux d'équité. Ils punissaient non seulement le couple adultère mais également toutes les personnes de leur entourage, qui savaient mais ne les avaient pas dénoncés.

Toutes les grandes religions condamnent fermement l'adultère. Dans le judaïsme et l'islam, selon les cas, la femme et/ou l'homme pris la main dans le sac sont destinés à la lapidation. Mais attention, selon la jurisprudence islamique, quatre personnes de confiance doivent pouvoir témoigner d'avoir été témoins oculaires de la liaison.

Dans le christianisme, l'adultère peut éventuellement être pardonné en cas de grande repentance du coupable.

En France, plus particulièrement, les cas d'adultère sont réglés par la loi étatique depuis la fin du Moyen Âge. Les recueils de coutumes des cités méridionales contiennent un article qui établit la peine infligée par l'autorité judiciaire urbaine aux personnes reconnues coupables d'adultère : elles doivent se soumettre à un rituel infamant, qui consiste à courir nues à travers la ville, exposées aux huées de la foule. Là encore, la loi est inégalitaire pour les hommes et les femmes et ce jusqu'en 1975 (sauf une petite parenthèse offerte par la Révolution française) ! Avant cela, on réservait aux femmes la peine de « l'Authentique », qui consistait à les enfermer dans un couvent après leur avoir rasé le crâne et donné des coups de fouet. Authentique !

Il s'agissait alors de punir et venger un acte considéré comme impudique par le désordre social qu'il pouvait engendrer. La vision cléricale de la femme, considérée comme indécente et tentatrice par nature, véhiculée et popularisée par les sermons dès le XIIe siècle, a influencé l'évolution du droit civil et de la procédure pénale.

Aujourd'hui, en France, contrairement aux États-Unis, l'adultère n'est plus un crime. Il est cependant puni civilement. Pour ce faire, les tribunaux cherchent à établir la délicate distinction entre infidélité et adultère. De deux choses l'une : attitude outrageante ou fuite avérée du domicile conjugal. Donc, si le conjoint ne peut prouver l'adultère en bonne et due forme, il peut se contenter d'invoquer l'outrage...

Dans nos sociétés modernes, chacun se venge comme il peut. J'ai des amies qui ont rayé des voitures de luxe avec leurs trousseaux de clés ; d'autres qui se sont contentées de coucher avec le meilleur ami de l'infidèle. Les divorces coûteux sont aussi un moyen pour certaines d'exorciser leur peine. Salir une réputation peut parfois suffire. Chacun réagit comme il le peut avec ce que ça a ouvert comme cicatrices de l'enfance. Cette trahison (cet abandon en somme) ne peut parfois être pansée qu'à travers une punition qui indique que l'être aimé devenu adversaire a commis une faute, que c'est l'autre qui est en tort et pas l'incapacité pour le trompé à honorer son statut.

Quoi qu'il en soit des lois et des châtiments de ces institutions pénales, religieuses ou civiles, il est une notion commune à tous : l'adultère est vu, jugé, puni comme une faute. Et même si embrasser n'est pas toujours tromper, l'infidélité est toujours vécue par celui qui est trompé comme une injure. Et si les intentions de celui qui trompe ne sont pas toujours mauvaises, la plus grande des punitions est peut-être plus morale, plus intime et plus douloureuse, c'est celle d'avoir fait du mal à quelqu'un qu'on a aimé. Même un peu.

Puritanisme

On dit facilement de quelqu'un qu'il est puritain pour désigner une forme de pudibonderie.

En réalité, le puritanisme est une pratique religieuse ou plutôt un courant issu de la volonté des calvinistes de purifier l'Angleterre de son catholicisme. Il est né 1559 et il s'est exporté en Nouvelle-Angleterre en 1630.

C'est aujourd'hui spontanément aux Américains que l'on pense quand on entend le mot « puritain ». Plus que de la religiosité, c'est un état d'esprit qui peut imprégner différents cultes et qui sacralise l'austérité des mœurs et le sens de la responsabilité individuelle devant Dieu, rejetant le clergé et toute forme d'idolâtrie, comme peuvent le proposer certaines dérives du catholicisme.

Aux États-Unis, il a profondément imprégné les Églises quakers, baptistes, méthodistes et toutes les confessions dérivées du protestantisme. Dans ce pays profondément religieux, où il faut croire peu importe en quoi, la bienséance est de mise et influence forcément les mœurs.

On peut dire que le puritanisme a lutté et souvent gagné contre la tendance hippie. Aux États-Unis en tout cas, un courant en a découlé, dont ce fameux « anneau de virginité » dont on a beaucoup parlé. Les pères passent une bague au doigt de leurs filles qui jurent la chasteté absolue jusqu'au mariage avec l'homme qui sera leur seul et unique partenaire sexuel. Très souvent elles épousent un jeune homme qui a fait le même serment.

Pour les jeunes filles, il y a toute une cérémonie mise en scène : un grand bal de la pureté où elles font une promesse d'abstinence sexuelle devant Dieu et leur père et se voient enfiler cet anneau vêtues de blanc. En fait, elles passeront directement de l'autorité patriarcale à celle de leur mari.

Imaginez la nuit de noces ! Ce symbole, appelé aussi l'anneau de pureté, a été très controversé. En Grande-Bretagne, craignant la contamination des chastes idées yankees, on a demandé à une élève de retirer cette bague à l'école : c'est allé jusqu'en justice où elle l'a comparé au port du voile.

Le gouvernement Bush avait été montré du doigt pour avoir promu ce mouvement et tenté de s'attirer par là les bonnes grâces des puissants lobbies chrétiens évangélistes.

Comment imaginer leur vie sexuelle après ? Une fidélité à toute épreuve pour leur mari. Pendant une soixantaine d'années… Cette volonté farouche de diaboliser la sexualité est souvent la base d'atroces dérives et ces personnes sont bien plus obsédées que le reste de la société qu'elles pourfendent avec ses valeurs dites pornographiques.

Cette histoire d'anneau de virginité, c'est la fidélité au père. Désobéir, c'est souvent se voir traitée comme une femme adultère. Les psychanalystes américains ont encore de beaux jours devant eux…

Q

Questions

Qui t'appelle à cette heure-ci ?
C'est quoi, ce cheveu blond sur ta veste ?
Ça te dérange si je me fais une soirée entre filles ce soir ?
Il te draguerait pas un peu, ton patron ?
Tu te fous de ma gueule ?
C'est quoi, ce parfum ?
Ton séminaire, c'était pas plutôt un week-end en Corse par hasard ?
Tu m'aimes ?
T'as pas déjà pris une douche avant de sortir dîner ?
Elle est jolie, la nouvelle stagiaire ?
C'est quoi, cette lubie de faire du sport tous les jours ?
T'as plus envie de moi ?
C'est quoi, ce texto ?
Tu fais tourner des machines, toi, maintenant ?
Huit cents euros sur ta carte bleue ? C'est quoi, ça ?
C'est sérieux, cette histoire ?
C'est un nouveau pull ?

C'est qui ?
Je la connais ?
En vous engageant dans la voie du mariage, vous vous promettez amour mutuel et respect ; est-ce pour toute votre vie ?

R

Rapports de force

Dans un couple il y a toujours un être plus fort que l'autre. Mais l'équilibre est instable et change selon les périodes de la vie. L'infidélité ou cette épée de Damoclès au-dessus du couple est un des ressorts du pouvoir. Une femme mariée à un séducteur (ou inversement) sera toujours dans la peur, tributaire de cette pulsion qu'elle lui connaît.

Parfois c'est le faible qui trompe pour se réapproprier le pouvoir. Il n'est pas rare de voir des hommes qui ont perdu leur emploi ou qui gagnent moins d'argent que leur compagne retrouver leur virilité en possédant d'autres femmes.

Depuis que la société n'est plus articulée autour de l'homme chef de famille, symbole d'un monde patriarcal avec des rôles définis, beaucoup de choses ont changé.

La fidélité est au cœur du rapport de force et ne doit pas être une arme pour compenser la fin de la phallocratie. Il y a cependant dans la multiplication des conquêtes pour un homme une façon évidente de se rassurer, d'être le « mâle dominant » et ainsi de ne pas se remettre en question. Les femmes trompent, elles aussi, pour retrouver leur rôle : celui de l'être désiré et fragile. Quand on est au début d'une histoire, on peut toujours jouer un jeu et montrer le meilleur de soi, c'est-à-dire celui qu'on voudrait être au fond.

Plus que la cause d'un déséquilibre dans la relation, l'infidélité en est le symptôme.

Rock

Milieu consanguin dans lequel les groupes se côtoient aussi bien dans les festivals que pour faire la fête, le rock est aussi le festival des amours dansantes. On voit dans le film *Presque célèbre* de Cameron Crowe, ancien journaliste de *Rolling Stone* qui a accompagné en tournée Led Zeppelin à son apogée, deux groupes parier au poker une groupie contre une caisse de bières. L'amour peut devenir dangereux pour l'existence même d'un groupe, car les membres sont supposés être loyaux les uns avec les autres. En février 1967, Brian Jones, Keith Richards, leurs deux copines mannequins Anita Pallenberg et Deborah Dixon, et leur ami Tom Keylock, partent vers le sud de la France dans une virée en Bentley qui ira jusqu'à Tanger. Arrivés à Albi, Brian a une grave crise d'asthme et doit rester sur place à l'hôpital. La bande continue le *road trip* sans lui et l'inévitable se produit : Keith et Anita se rapprochent un peu trop. Leur histoire durera dix ans et ils feront trois enfants, mais avec cette idylle un chapitre de l'histoire des Rolling Stones se clôt. La relation avec Brian, qui s'enfonce dans la drogue sans pouvoir la gérer, ne sera plus jamais la même. En juin 1969, le multi-instrumentiste est viré des Stones, et un mois plus tard il est retrouvé mort dans sa piscine (voir Jagger, Mick).

Si les rockeurs ne sont pas toujours très loyaux entre eux à cause de leurs compagnes, ils ne le sont pas toujours non plus dans leurs relations musicales. Quand, en juillet 1968, George Harrison, frustré de ne pas voir les autres Beatles prendre au sérieux sa nouvelle composition *While My Guitar Gently Weeps*, fait venir Eric Clapton en studio pour enregistrer un solo, c'est la première fois qu'un autre musicien est invité officiellement à une séance des « Fab Four ». La présence du guitariste de blues change le rapport de force et le comportement des autres Beatles qui donneront le meilleur d'eux-mêmes durant l'enregistrement.

L'histoire du super-groupe Crosby, Stills & Nash se nouera aussi par des infidélités entre musiciens. À l'époque de leur première jam en 1968, Crosby s'est déjà fait virer des Byrds, et Buffalo Springsfield vient de splitter. L'Anglais Graham Nash est toujours un membre à part entière des Hollies. Après leur épiphanie musicale, il décide de quitter sa compagne, mais surtout son groupe, qui est sous le choc, pour former le trio magique, et s'installe à Los Angeles avec sa nouvelle muse, la chanteuse Joni Mitchell. Ron Wood, quant à lui, précipite la fin des Faces en les quittant pour les Rolling Stones, dans le but de remplacer Mick Taylor à la guitare.

Les ressentiments à la suite d'infidélités musicales perçues comme des trahisons jalonnent l'histoire du rock. Cela est principalement dû à l'ego surdimensionné des rock stars. En 2001, Dave Grohl, à l'origine batteur de Nirvana, est alors reconverti en chanteur guitariste dans le groupe à succès Foo Fighters. Son pote Josh Homme, leader des Queens of the Stone Age, qui enregistre leur nouvel album ambitieux, l'appelle pour venir jouer de la batterie. Ce disque, *Songs of the Deaf*, deviendra un énorme succès critique et commercial, et comme *Nevermind* en son temps, fait partie de ces albums qui définissent le rock dans la décennie qui suit. Le batteur des Foo Fighters Taylor Hawkins, jaloux et blessé comme une femme trompée, et furieux que Grohl délaisse leur groupe, refusera de se rendre au concert de lancement de ce disque majeur.

Ah ! joyeuses infidélités qui nous ont fait danser !

Rome

La loi *Lex Julia de adulteriis* sur l'adultère a été édictée par Auguste en - 18 av. J.-C.

À cette époque, on constatait une forte baisse de la natalité dans la haute société romaine. Le célibat attirait les jeunes qui fréquentaient des courtisanes. Les maris annulaient leurs mariages pour obtenir une plus grosse dot en se remariant avec une fille plus riche. Les femmes, surtout celles de haut rang, pouvaient demander le divorce sans raison véritable. Les séparations par consentement mutuel étaient nombreuses. On pouvait même échanger temporairement sa femme pour celle d'un autre, si celle-ci était stérile.

L'empereur souhaitait un retour à l'ordre moral dans la haute société pour éviter une instabilité du régime.

Ainsi est née cette loi qui définissait désormais qu'un homme n'avait pas le droit d'avoir de relations avec une femme mariée. Et que les femmes seraient désormais coupables si elles avaient des relations sexuelles avec un autre homme que leurs maris.

Un mari trompé aurait soixante jours pour dénoncer sa femme adultère à un tribunal, et par la suite poursuivre l'amant. Il pouvait alors répudier sa femme dès la découverte de la faute, pour ne pas être accusé lui-même de proxénétisme. Une lettre de répudiation, *libellus repudii*, parachevait le jugement. La femme fautive perdait ensuite toute protection, son statut et son héritage, et devait même porter la tenue des prostituées.

Le mariage est un engagement privé qui n'est pas inscrit dans un registre de manière officielle. Il a pour but de donner des héritiers qui perpétueront le corps civique. Le *pater familias* contrôle la cérémonie et la fête. Après une année de cohabitation observée publiquement, les époux, par leur consentement en présence de témoins, s'affranchissent de la tutelle du chef de famille. Le mariage prend ainsi un caractère contractuel. La monogamie est un principe absolu. La femme doit fidélité à son mari. Pour une femme, la faute charnelle est irréparable et souille le sang, modifiant la relation des hommes avec les ancêtres et les dieux.

Les lois de Romulus, les plus anciennes lois de Rome, établissaient la *potestas*, la toute-puissance du père de famille. Il pouvait répudier sa femme, mais aussi se faire justice en tuant sa femme et l'amant de celle-ci, ou bien même le mutiler, comme le raconte la tradition.

Tous les individus obtiennent un statut avec la naissance du droit civil dans l'Empire romain. Le mariage est alors l'un des fondements de la société. C'est ainsi que l'adultère devient plus qu'une faute : un crime contre la famille. Cette notion établie par l'empereur Auguste perdurera jusqu'à la Révolution, et connaîtra quelques modifications avec les différents empereurs et rois chrétiens.

Dorénavant, les femmes d'honneur portent un costume strict, la *stola.* Cela dans le but de permettre aux hommes de reconnaître les concubines potentielles. L'égalité entre les sexes n'existe pas. Les hommes peuvent nourrir et héberger leurs maîtresses, et même leur faire des enfants.

On voit, à travers les œuvres ou les films qui représentent Rome avant ou après cette loi, une sorte de société complètement schizophrénique.

S

Schizophrénie

Le mot schizophrénie signifie à la fois la perte de l'unité (*schize*) et celle de l'esprit (*phrénie*). Mais la schizophrénie désigne en réalité un faisceau de maladies psychiatriques dont les causes sont encore mal connues et qui se caractérisent par des symptômes aussi variables que violents : des très impressionnantes crises de délire paranoïaque aux hallucinations. Les effets les plus invalidants étant à terme un renfermement et un retrait social accompagnés bien souvent de sérieuses difficultés cognitives.

Sans aller jusqu'à ces cas extrêmes, sans pousser à consulter un psychiatre, à entrer en cure de sommeil le cerveau anesthésié d'anxiolytiques, et de façon bien plus subtile, l'infidélité peut mener celui ou celle qui en est l'auteur à des états assez extrêmes qu'on qualifie de façon imagée de « schizophrène ». Quand on parle de schizophrénie en amour, plus qu'à la psychose paranoïaque on se réfère plutôt à ce curieux trouble de la personnalité auquel on l'associe parfois, mais à tort : le trouble dissociatif, autrement dit le dédoublement de la personnalité.

Quand on est infidèle, cette impression, cette volonté, voire cette réalité de dualité est un phénomène, quoiqu'un peu inquiétant, somme toute assez banal. On pourrait même le qualifier de mal nécessaire. C'est le besoin de protection de l'infidèle qui lui fait mettre en place des barrières. Protéger son ego qui refuse catégoriquement ses arrières pour ne pas se faire prendre. Ainsi le terrain de chacune de ses relations reste imperméable aux autres. Et c'est bien grâce à cette forme de déni qu'il devient possible, qu'il devient tenable de tromper celui ou celle qu'on aime… aussi. Encore plus habile, c'est ce qui permet de ne pas le ou la tromper, mais bien de vivre deux (ou plus !) histoires distinctes, sans la moindre sensation de trahison, sans la moindre mauvaise conscience et sans la moindre culpabilité. Une aubaine ! Oui, puisque qu'on n'est pas tout à fait « soi » au moment où l'on désire quelqu'un d'autre que son compagnon ou sa compagne. On n'est pas non plus soi quand on passe à l'acte, on ne l'est toujours pas quand on y repense… Chaque histoire a son enclos, bien délimité, bien fermé. Comme si tout était rangé dans des petites cases distinctes du cerveau. Comment sinon, sans ce

« sain » cloisonnement, être capable d'enlacer deux personnes dans la même journée, de leur dire « je t'aime » et de le penser ? Comment supporter son regard sur soi quand on fait face à deux vérités en même temps, quand on en est l'acteur ? Le Docteur Jekill l'a bien expérimenté dans un autre domaine. Et puisqu'il n'était pas lui, les crimes de ce vilain Mister Hyde dont il partageait l'enveloppe corporelle ne pouvaient pas être les siens. Et sans aller jusqu'au crime de sang, c'est grâce à cette sorte de schizophrénie passagère et délimitée que l'infidélité est protégée de tout ce qu'elle peut avoir de répréhensible. Il est donc fortement conseillé de laisser place à ses penchants schizophrènes lorsqu'on est engagé dans deux relations. Ainsi il ne sera pas question d'adultère mais bien d'un double bonheur, tout à votre honneur.

Sept

Comme le septième commandement : « Tu ne commettras point d’adultère. »

Sept est souvent le nombre d’années que dure une union. On parle de la fameuse « crise des sept ans ». Une année sabbatique est issue de la même racine, c’est une année de repos qui vient tous les sept ans. Sans doute faudrait-il l’appliquer dans les couples afin qu’ils survivent ?

Sept, nombre hautement symbolique : celui du nombre de dons du Saint-Esprit, des branches du fameux chandelier, des bêtes de l’Apocalypse, également du nombre de jours dans une semaine car c’est le temps qu’il a fallu à Dieu pour créer le monde. C’est aussi le nombre de cieux dans la tradition islamique, celui des merveilles du monde ou des couleurs d’un arc-en-ciel.

Faut-il en rajouter ? Même Harry Potter l’appelle le chiffre magique !

Pourquoi cette fameuse « crise du couple » ? La première explication semble être celle que Fréderic Beigbeder a mise en lumière dans son livre *L'amour dure trois ans*. Il s'agit du passage de la fusion à l'apprentissage de la différenciation. Si l'on survit à cela, ou que les enfants ou une autre raison sociale nous maintiennent, comment traverser la tempête qui arrive quatre années plus tard ?

Considérer que la routine est une somme d'habitudes charmantes ? Faire le deuil de la passion ? Ou la trouver ailleurs ? Il s'agit alors de ne pas s'emballer pour un autre être, mais de s'en servir pour combler cette faille. Si c'est votre cas, je vous renvoie à certaines entrées de ce dictionnaire, notamment SMS, Schizophrénie ou Culpabilité.

Aux États-Unis, une expression existe : la *seven year itch*, textuellement la « septième année qui démange »... Cela vient d'une pièce de George Axelrod dont a été tiré le célèbre film de Billy Wilder avec Marilyn Monroe que nous connaissons sous le titre *Sept ans de réflexion*... Oui, la fameuse robe blanche qui s'envole. Un homme resté travailler en ville tandis que sa famille est partie profiter de l'été à la campagne doit résister à sa belle voisine qui vient d'emménager. Il semblerait qu'après sept années de couple, toutes les femmes autour soient des Marilyn en puissance.

Sites spécialisés

« C'est parfois en restant fidèle qu'on se trompe le plus ! », « Un homme sur deux trompe sa femme, pourquoi pas vous ? », « Gratuit pour les femmes mariées ! », ou encore le fameux « Et si cette année vous trompiez votre amant avec votre mari ? », sans oublier l'inénarrable « Contrairement à l'antidépresseur, l'amant ne coûte rien à la Sécu ».

Si ce genre de slogan est impossible à afficher en quatre par trois aux États-Unis, c'est devenu tout à fait banal en France où l'adultère semble être un peu mieux considéré qu'outre-Atlantique. C'est Internet qui a fait exploser le marché des sites de rencontres extraconjugales.

Le concept de ces sites est fondé sur le postulat suivant : auparavant, 8 % des personnes inscrites sur les sites de rencontres classiques se déclaraient célibataires alors que ce n'était pas le cas. Aujourd'hui, les sites spécialisés permettent désormais aux personnes souhaitant tromper leur conjoint d'afficher officiellement leur statut d'homme ou de femme marié.

Certains conservateurs, l'Église catholique en tête, voient d'un très mauvais œil l'essor de ces sites qui comptent aujourd'hui des millions d'inscrits dans le monde, estimant que leur utilisation fait augmenter le taux de divorce. Mais ça reste à prouver ! Car l'infidélité n'est pas un phénomène de société... En tout cas pas de notre société moderne. Depuis plusieurs siècles, les arts et la littérature ont suffisamment utilisé cette ficelle narrative et créatrice de l'amour trompé pour nous prouver que la transgression de l'interdit et la peur de se faire attraper, qui alimentent le désir et accentuent l'excitation de l'adultère, ne datent pas d'hier. Du côté des hommes comme de celui des femmes.

On peut simplement souligner que ces sites, en favorisant certaines rencontres ou en simplifiant un peu l'intendance de ces unions adultères – dont certains vont jusqu'à proposer la création d'alibis (voir cette entrée) ! –, ont surtout participé à une chose, et pas des moindres : alléger l'esprit des personnes concernées !

Pour les besoins de cet ouvrage je me suis inscrite sur des sites de rencontres extraconjugales, « Gleeden » et « Ashley Madison ». C'est assez étrange car le discours est frontal, personne chez les hommes n'est là pour tomber amoureux. Chez les femmes, il y a des faux comptes que l'on repère assez aisément et qui sont faits pour attirer le chaland et lui faire acheter des unités qui permettront de communiquer avec les dames en question, il y a des femmes qui parlent sur le même ton et sont clairement là pour assouvir des besoins, mais évidemment une grande partie d'entre elles espèrent un chevalier qui les sauvera de leur mariage vacillant. Ce n'est pas affiché de la sorte mais elles ont besoin de connaître les goûts musicaux et les hobbies de leur futur partenaire avant de passer à la casserole. Elles demandent un rendez-vous, elles ont besoin d'être séduites, courtisées… Donc beaucoup de photos de bites d'un côté, beaucoup de selfies niais de l'autre. J'ai été rassurée. Le monde n'a pas complètement changé. Je suis parvenue à établir des dialogues avec certains hommes. Ils étaient tous assez suspicieux et avaient peur du piège. J'ai été sensible au discours de l'un d'entre eux ; un Allemand qui me disait aimer sa femme depuis le lycée mais chercher du désir ailleurs pour ne pas la quitter. De cette manière la sexualité était cadrée, il se mettait à l'abri de l'amour. Le pauvre ne sait pas qu'il se cache même dans le sordide…

L'été dernier, un hacker a voulu rendre justice et a révélé les profils de trente-deux millions d'infidèles en piratant le site « Ashley Madison ». De quoi réfléchir avant de s'inscrire.

SMS

L'apparition du téléphone portable a rendu l'infidélité très simple et le risque d'être démasqué bien plus grand aussi.

Le danger, c'est le romantisme. Dès qu'on garde les messages de l'être caché, on est foutu. Sans doute, une part inconsciente de nous a-t-elle envie que nous soyons pris la main dans le sac. C'est qu'on flotte dans un état amoureux, qu'on voudrait dire son prénom (d'ailleurs nombreux sont ceux qui jouent avec le feu), qu'on voudrait tout raconter à son conjoint, souvent devenu en réalité notre meilleur ami, et qu'il se réjouisse pour nous.

Dieu merci, les codes de verrouillage ont été inventés ! La multiplication des codes pour se mettre à l'abri d'un conjoint jaloux ne fait qu'accroître les soupçons de l'autre. Ne pas laisser libre accès à son téléphone devient un sujet de suspicion. Une preuve que l'on a une autre vie cachée ou quelque chose à se reprocher.

SMS

Le SMS dans son instantanéité oblige à communiquer (voir Technologies [nouvelles]). Il est le parfait combustible pour alimenter le feu irrationnel de la jalousie. Le simple fait de ne pas répondre à un SMS rend coupable. Répondre en priorité au message de quelqu'un d'autre, avant celui de son conjoint, est déjà une forme d'infidélité où l'on relègue l'être aimé au second plan. Un téléphone portable devient comme un journal intime. Un opérateur téléphonique en connaît davantage sur votre conjoint que vous-même.

On m'a raconté l'histoire d'un homme qui regardait la télé avec sa femme et a envoyé un SMS : « Je m'ennuie devant ce film, je voudrais te faire l'amour comme un sauvage »... Le SMS destiné à sa maîtresse a été par mégarde envoyé à sa femme, qui affalée près de lui en jogging dans le canapé, a eu beaucoup de mal à croire qu'il lui était adressé... Mais face à l'ardeur que son mari a mise pour ne pas se faire pincer, elle y a cru, elle a joui, et leur couple est reparti de plus belle ! Vive les SMS !

Sondages

J'ai trouvé les choses les plus farfelues qui soient en matière de sondages sur l'infidélité. Les femmes à grands mentons seraient plus infidèles. Les hommes à petits pieds sont les plus sages, au-dessus d'une pointure de taille 43 en revanche, ils deviendraient infidèles ! Il y a aussi des études sur les nationalités les plus infidèles : les Thaïlandais se classent en tête, suivis des Danois qui sont aussi supposés être le peuple le plus heureux, viennent ensuite les Italiens puis les Allemands et nous Français n'arrivons qu'en cinquième position, car nous croyons en l'amour… Un sondage encore plus ubuesque dit que plus le sexe du partenaire est grand, plus on a tendance à aller voir ailleurs. La logique n'a rien à voir là-dedans !

Les chiffres parlent d'un homme sur deux qui serait infidèle et une femme sur trois. Quand on vote à gauche, on trompe plus sa femme. *No comment…* Plus les hommes sont âgés et plus ils sont dans un milieu social élevé, plus ils sont susceptibles d'avoir une tendance à l'adultère. En quarante ans, le nombre d'infidèles a doublé.

Sparte

Il faudrait consacrer un livre entier sur les mœurs de Sparte. Comment résumer un système si différent du nôtre ? Toute la société y est construite sur des règles et des coutumes aujourd'hui extrêmement difficiles à imaginer. L'adultère n'existe pas dans la cité antique. Le mariage consiste en l'enlèvement d'une jeune fille, emmenée en cachette sur sa couche. Le soir des noces, on lui rase la tête, on l'habille en homme et elle est offerte à son époux. La fille est remise à sa nouvelle famille, qui la garde recluse jusqu'au retour de l'époux qui couche dans un dortoir militaire jusqu'à l'âge de trente ans.

Plutarque dit à ce sujet que les époux « ignorent la satiété et le déclin du sentiment qu'entraîne une vie commune sans entraves ».

Il y a une forme d'adultère légal : les femmes peuvent avoir d'autres expériences sexuelles si leur mari y consent. La jalousie est intrinsèquement interdite.

— Lysandre, je voudrais me faire Athos. Tu en penses quoi ?

— Très bien, demain soir si tu veux, j'ai lutte, je ne serai pas rentré avant vingt-deux heures.

Mais la discussion bien qu'amusante à imaginer ne peut même avoir lieu car les époux ne vivent pas ensemble avant l'âge de trente ans. Plus surprenant encore : ils se voient en cachette ! L'époux vient faire l'amour à sa femme et s'en va. Celle-ci peut à loisir faire venir d'autres hommes dans sa couche.

Le législateur Lycurgue, au IXe siècle avant J.-C., permettait au mari trop vieux de présenter à sa femme un amant plus jeune pour « s'unir à elle et avoir un enfant de sang généreux, qu'il considérait comme le sien propre ».

Un homme pouvait également demander à un autre homme de lui prêter son épouse pour la féconder. Tout cela était fort ouvert et la sexualité n'était empreinte ni de possessivité, ni de sacralisation. La rupture du lien maternel à l'âge de sept ans devait y être pour beaucoup. Les jeunes Spartiates nouent des relations d'amitié et de solidarité avec les gens du même âge car ils sont élevés ainsi, par tranche générationnelle et coupés de leurs familles. Le symbole paternel est remplacé par un « inspirateur » tandis que le jeune homme est un « auditeur », il se crée entre eux un lien de guide spirituel mais aussi pédérastique. Le choix de cet homme est quasi politique et l'aidera par la suite à monter les échelons de la société.

Les filles, en revanche, restent au sein du foyer familial mais reçoivent également une éducation. C'est une des seules cités qui prête une telle attention aux femmes. Elles apprennent la musique, la danse et savent même lire et écrire. Leur corps est aussi soumis à de durs entraînements. On attend d'elles qu'elles soient vigoureuses pour faire naître des enfants costauds. Ce n'est pas une société qui encourage ce que nous appelons la féminité. Et leurs tenues ou leur façon de lutter nues à tout âge est un sujet de moquerie chez les Grecs.

Ce qui compte à Sparte, c'est le renouvellement de l'espèce, une race forte et vaillante. La sexualité est un moyen. On peut assouvir ses instincts. Les sentiments par contre n'existent pas.

Les femmes exercent un vrai rôle. Sparte est une cité féministe pour son temps.

Une femme d'Attique interroge une femme de Sparte : « Pourquoi êtes-vous les seules, vous autres Laconiennes, qui commandiez aux hommes ? — C'est parce que, répondit-elle, nous sommes les seules qui mettions au monde des hommes » (Plutarque, *Lycurgue*, 14, conclusion).

Les femmes avaient le pouvoir de faire des affaires, d'être plus riches que leurs frères ou leurs époux, de s'immiscer dans les affaires d'État. Il semblerait que cette liberté dans la société leur conférait de fait une liberté sexuelle. En cela, Sparte annonçait la société qui devient la nôtre aujourd'hui, mais nous avons hérité depuis du poids culpabilisateur des grandes religions monothéistes.

Stoïcisme

Le stoïcisme est une école philosophique de la Grèce antique fondée par Zénon de Kition et qu'on appelle aussi école du Portique. Elle tient sous simplement son nom du « Stoa Poikilê », un portique où se rassemblaient ses disciples à l'Agora. Sa doctrine peut se résumer par l'idée que pour atteindre la sagesse et le bien-être il faut vivre en harmonie à la fois avec la raison et la nature. Épictète, l'un de ses penseurs, considérait que le premier effort pour un stoïcien était de distinguer ce qui dépend de nous et ce qui nous échappe. La sagesse serait donc une capacité à gérer nos désirs et ses passions et mènerait au bonheur. Si chaque désir est fondé sur la raison, alors tout est revisité. L'idée même du désir s'apaise, il ne provient pas d'une pulsion mais pratiquement à l'inverse de ce qui est bon pour nous, et c'est notre réflexion qui l'identifie et non notre instinct. Le lien conjugal devient alors un pacte d'amitié. Les époux doivent s'aider, ils sont un appui l'un pour l'autre, ils se choisissent avec intelligence plus qu'ils ne subissent un élan du cœur. L'épouse idéale reste tout de même une compagne obéissante qui épaule son conjoint dans les difficultés de la vie. Le mariage, selon Antipater de Tarse, est une institution nécessaire, car il fournit des citoyens à la patrie et perpétue l'espèce humaine. Il réside donc entre les époux un devoir de procréation et d'entraide. Ce devoir moral change ainsi la vision de l'union civique où les mâles détiennent une forme de privilège. Le contrat devient mutuel et condamne l'adultère de la femme comme celui de l'homme. Épictète juge l'adultère équivalent à un vol, aussi vulgaire et impoli que de se servir dans l'assiette de son voisin. L'acte sexuel a donc un but précis et on ne traite pas son épouse comme une maîtresse. La stérilité d'une épouse peut être un motif de répudiation, mais un homme qui rejette sa femme alors qu'il lui doit un attachement s'expose à être socialement condamné. Les écrits de Sénèque et de Pline glorifient l'exemplarité de leur vie conjugale. Un homme respectable ne doit pas céder à la tentation du plaisir immédiat, il lui faut apprendre à contrôler ses pulsions. Pour les stoïciens, atteindre le bonheur, c'est se débarrasser de la passion qui provoque des pulsions dangereuses. Le stoïcisme a donc beaucoup influencé la morale judéo-chrétienne et sa vision du couple.

T

Technologies (nouvelles)

Avec la rapidité des nouveaux moyens de communication, le rapport amoureux a changé. La possibilité de communiquer en permanence entraîne une forme d'obligation amoureuse. Ne pas échanger devient déjà une forme de communication, que l'autre interprète selon sa paranoïa. On ne se pose pas les mêmes questions quand on espère tout au plus un télégramme par semaine. Plus personne n'écrit de lettre d'amour. Les sentiments exprimés dans une lettre doivent au moins durer le temps qui s'écoule, avant que l'être aimé ne reçoive cette missive. La technologie dédouane en un sens de ce que l'on exprime. Les sentiments peuvent changer à la vitesse de la fibre optique. Les moins de vingt ans n'ont jamais connu l'époque où l'on était obligé d'appeler quelqu'un à son domicile pour le joindre. Avec la géolocalisation, on peut savoir exactement où se trouve l'être aimé, et même avec qui il se trouve. Attention à la fonction « localiser son téléphone », vous pouvez mener le cocu tout droit sur le lieu de votre crime…

Il existera bientôt des moyens de connaître à distance le nombre de pulsations cardiaques de quelqu'un, ou la température de son corps. On peut même aller jusqu'à imaginer une forme de ceinture de chasteté électronique, qui puisse nous dire exactement à quel instant de la journée son épouse se déshabille. Il faudra donc tromper la technologie avant même de tromper son conjoint. On voit déjà des sites spécialisés pour produire de faux alibis (tickets de cartes de crédit, factures d'hôtel, photos-montages avec Manu, son collègue de la compta… voir Alibi). Bientôt des applications permettront de faire mentir la technologie pour échapper à la surveillance quasi policière de sa moitié.

Tiger Woods

Quand Elin Nordegren apprend que son mari la trompe, elle tente de lui planter un club de golf dans le crâne. Tiger Woods s'enfuit à bord de sa Cadillac et atterrit dans une bouche d'incendie. Après l'accident, tempête dans les médias : le sportif le mieux payé du monde va devoir expliquer qu'une bonne partie de son argent lui sert à satisfaire son goût pour les prostituées de luxe. On lui attribue près d'une cinquantaine de maîtresses dont une star du porno et la fille des voisins… Il fait son *mea culpa* et tente une cure de désintoxication sexuelle, en vain.

Ça ne coïncide pas du tout avec l'image ennuyeuse que je me fais du golf. Avec ce que ça exige comme concentration, Tiger Woods aurait dû pouvoir résister à l'appel de la chair. D'autant que, comme c'est souvent le cas, il trompe sa femme avec ses clones, blondes aux yeux bleus…

Des années après, il récidive avec sa nouvelle compagne Lindsey Vonn, une blonde aux yeux bleus, qui a découvert qu'il la trompait lorsqu'il partait à l'étranger… Il passait des nuits torrides avec d'autres blondes aux yeux bleus. Après tout, quand on doit se concentrer toute la journée à l'idée de mettre une balle dans un trou, ça doit forcément avoir une incidence sur le cerveau.

D'après plusieurs de ses amis et son entraîneur, Tiger ne voit pas vraiment ça comme une chose grave mais plutôt comme un hobby pour évacuer le stress. Une partie de jambes en l'air comme une bonne partie de tennis après le golf ? C'est vrai que, quand on est sportif, on n'a pas de soupape de décompression… On ne va pas faire du sport après le sport ! C'est peut-être un métier qui demande une dérogation au sujet de la fidélité ?

Tomber

Tomber sur lui dans une fête.
Tomber amoureuse.
Tomber enceinte.
Tomber de haut.
Laisser tomber.

Dans cet ordre, la plupart du temps.

Transfert

1. Psychanalyse

Freud connaissait-il cette affirmation du Talmud selon laquelle « il suffit de parler longtemps avec une femme pour pouvoir coucher avec elle » ?

Quoi qu'il en soit, le transfert, c'est-à-dire l'apparition d'un attachement envers l'analyste qui prend inconsciemment la place d'un parent, n'est-il pas une infidélité radicale envers celui-ci ? Raconter son intimité à quelqu'un et éprouver pour lui ou elle des sentiments violents (d'amour ou de haine), n'est-ce pas sortir du cercle de la fidélité aux siens quand bien même aucun geste illicite ne serait accompli ? Oui, sans doute, mais en principe c'est pour le bien de tous.

2. Football

Transfert est le nom de l'infidélité dans le milieu du football.

— Ainsi en 1992 Éric Cantona, honni en France, est accueilli en Angleterre à Leeds United, équipe avec laquelle il gagne le championnat et le Charity Shield. Et pourtant après quelques mois et quelques matchs il quitte Leeds pour Manchester United où il vivra les meilleurs (et les pires) moments de sa carrière.

— Après cinq années triomphales au FC Barcelone, Luís Figo rejoint en 2000 les « Galactiques » du Real Madrid, l'ennemi traditionnel, pour une somme record. Si les supporters barcelonais lui vouent depuis une haine farouche, le monde du foot ne le condamne pas puisque, cette même année, il est désigné comme ballon d'or France Football et en 2001 comme Fifa World Player.

— En 2009, l'Argentin Carlos Tévez, gueule cassée, franchit sans états d'âme le Rubicon (en l'occurrence l'Irwell) en passant des Red Devils de Manchester United à leurs rivaux absolus, les Citizens Skyblues de Manchester City.

— D'ailleurs pour se convaincre que l'infidélité n'est pas l'exception mais la règle en foot professionnel, il suffit de savoir que l'OM et le PSG, présentés comme en état de guerre permanente, ont vu une quarantaine de joueurs porter l'un puis l'autre maillot, bon nombre de joueurs ayant été transférés d'un club à l'autre.

Trump (Donald)

Donald Trump, personnage élégant s'il en est qui « attrape les femmes par la chatte » (c'est encore plus violent en version française), a admis à maintes reprises qu'il ne pouvait résister à une jolie femme.

Les États-Unis ne sont pas à une contradiction près puisque leur nouveau président est supposé appartenir à un parti conservateur et moral. La seule chose que Trump incarne est sans doute la misogynie dans toute sa splendeur.

Dans *Fire and Fury*, le live à scandale de Michael Wolff, journaliste qui a pénétré la Maison Blanche pendant la première année du mandat de Donald Trump, il est clairement suggéré que le Président à une affaire extraconjugale...

Il est connu pour avoir eu plusieurs divorces tumultueux et des aventures par centaines avec entre autres des actrices pornos.

Une autre particularité est soulevée dans le best-seller de Wolff qui paraît très intéressante et révélatrice du caractère du chef de l'État américain : il dit adorer séduire les femmes de ses amis.

Les choses se déroulent selon un schéma bien rodé : il explique à la femme que son mari n'est sans doute pas celui qu'elle imaginait en l'épousant puis il demande à sa secrétaire d'appeler le mari en question. Il met le haut-parleur et engage la conversation en lui demandant s'il s'amuse toujours au lit avec son épouse, le pousse à des révélations, puis lui dit qu'il donne une petite fête secrète avec des filles qui viennent de Vegas dans l'après-midi, lui suggère une excuse pour sa femme et, de fil en aiguille, l'épouse bafouée se décompose… Quand il raccroche, il n'a qu'à la cueillir.

L'amitié n'a aucune valeur pour lui. Tout est un moyen. Tout est une conquête.

Comment comprendre ce besoin de séduction ou même de consommation compulsive de l'homme aux cheveux orange qui mange des Big Mac dans son lit présidentiel ? On croirait un enfant tyran à qui personne n'a jamais dit non. Un enfant comme l'Amérique seule sait les créer, dont on admire la capacité à être un mâle dominant, peu importe les moyens employés.

Pour Trump, peu importe d'être fidèle, du moment que personne ne le sait. Il s'arrangera toujours avec la vérité puisque selon lui tout s'achète, même les nouveaux amis et leurs nouvelles épouses… évidemment tout ce que je viens d'exprimer est une #fakenews.

Tunnel

On dit qu'un tunnel secret reliait la maison de l'acteur Jack Nicholson et la Playboy Mansion à Los Angeles. Il aurait couché avec plus de deux mille femmes dont beaucoup des petites lapines recrutées par son ami Hugh Hefner.

Des plans ont bien été retrouvés mais rien n'a encore confirmé l'existence de quatre tunnels. En effet, Jack n'aurait pas été le seul : James Caan, Warren Beatty et Kirk Douglas auraient aussi fait partie des joyeux lurons qui avaient accès au rêve absolu de tous les hommes du monde. La légende raconte aussi que ces tunnels auraient été fermés au début des années 1990. Aucun des acteurs n'a souhaité infirmer cette nouvelle, et un sourire silencieux est leur seule réponse à l'évocation de ces accès souterrains.

Les femmes successives de Nicholson auraient toutes cherché ce tunnel mythique, en vain. Quel meilleur accès à l'infidélité qu'un passage secret reliant directement la cheminée du salon à toutes les playmates de Hollywood ? Jack Nicholson serait le Barbe bleue d'Hollywood ! Ne cherchez pas le tunnel, sinon…

U

USA

Une de mes amies expatriée aux États-Unis y a vécu sa première expérience amoureuse comme un choc culturel. Il y a d'abord la règle des « *third dates* » : les trois premiers rendez-vous avant lesquels on ne couche pas. Toute fille bien sait cela selon les codes tacites de la loi amoureuse des Yankees.

Une fois cette épreuve passée et la première nuit d'amour, nous Européens croyons débuter une relation. Ce que mon amie a appris lorsqu'elle a croisé celui qu'elle pensait être son amoureux en plein « troisième *date* » avec une autre, c'est qu'il n'y a pas de couple (donc de notion de fidélité) tant que cela n'a pas été déclaré. On doit se demander : « Veux-tu que nous soyons ensemble ? », et si la réponse est positive après cela, alors toute infidélité sera sifflée, lynchée par le reste du peuple… Sinon, on est toujours officiellement sur le marché !

Ensuite, une fois unis puis mariés, si on a envie d'être infidèles, les Américains l'interprètent immédiatement comme le symptôme d'un problème dans le couple. On ne « doit » pas ressentir quelque chose pour quelqu'un, comme si l'alliance était un anneau magique qui permettait de ne plus désirer qu'un seul être à jamais (voir Puritanisme). C'est cette vision du mariage et du désir qui crée une culpabilité violente et, si l'infidélité s'immisce dans la vie, alors on se croit malade ou victime d'une addiction. La part de mystère n'a aucun charme à leurs yeux contrairement à ce qu'on peut voir dans les pays latins. Comme sur de nombreux sujets, les Américains sont là aussi complètement schizophrènes et passent des orgies des *spring breaks* et des campus universitaires à un mariage au sourire niais et qui tente de désexualiser tout ce qui n'est pas son conjoint.

V

Volage

L'amour volage est semblable au torrent.
Il tombe, il roule, il fuit en murmurant :
Tari bientôt dans sa source égarée,
Né d'un orage, il en a la durée.
(*L'Art d'aimer* de Pierre Joseph Bernard)

J'ai une affection particulière pour le mot « volage » qui respire la légèreté, le picorage, une forme de butinage sans gravité. La beauté de l'éphémère. Un être volage change souvent l'objet de son affection. Sa seule constante est un emballement permanent, un amour de l'amour. C'est moins violent qu'un infidèle, c'est accompagné d'une idée de printemps, de jupe dans le vent.

Le mot volage s'emploie également au sujet d'une maladie dont les symptômes disparaissent aussi vite qu'ils sont apparus. C'est aussi un terme qui définit une pensée changeante et un raisonnement sans socle. Pour les gens constants, se retrouver confrontés à l'amour d'un être volage peut être un trauma. En effet, ils ne pourront pas comprendre sa mécanique et cela peut fissurer leur confiance en eux. Pour moi, le volage désigne un tempérament contre lequel on ne peut lutter. On dit aussi un « papillonneur ». On ne peut espérer d'un papillon qu'il s'installe dans un terrier. Aussi, si le volage, par un élan ou une paresse momentanée d'adhérer à son mécanisme, se retrouve marié, il finira par reprendre ses activités.

W

Woodstock

En 1969, dans un champ du comté de Bethel dans l'État de New York, a eu lieu un festival musical devenu mythique : Woodstock ! Quatre cent cinquante mille personnes s'y sont rendues en trois jours. L'événement a été saisi dans un film documentaire contenant les différentes performances de tous les musiciens légendaires qui y participaient. La diffusion de ces images a popularisé l'idéal hippie assez utopique et ses communautés dans l'ensemble du monde occidental. À travers le choc qu'il a causé, il a fait prendre conscience à la bourgeoisie du refus d'une grande partie de la jeunesse d'adhérer à son modèle familial. On y voit des milliers de jeunes nus qui semblent vivre d'amour, de drogue et d'eau fraîche, mais surtout de drogue. À l'époque, l'avortement n'est toujours pas légal dans la plupart des pays du monde. Il le deviendra en 1973 aux États-Unis par une décision de la Cour suprême. La vision archaïque et patriarcale de la sexualité est dénoncée par une génération qui voit les femmes se libérer progressivement de leurs chaînes. Woodstock est le point culminant de l'émergence de la culture hippie contestataire, qui est révélée au grand public avec le Summer of Love et le festival de Monterey qui a lieu durant l'été 1967. Le quartier de Haight-Ashbury à San Francisco devient le bastion de la contre-culture et de la communauté hippie. Quand on ferme les yeux, on visualise des colliers de fleurs sur de longs cheveux, des pantalons pattes d'ef unisexes et des seins nus... De nombreux groupes de musique maintenant légendaires, installés près du quartier, comme le Jefferson Airplane, Grateful Dead, ou encore la chanteuse Janis Joplin commencent à toucher le grand public dans le sillage de *Sgt. Pepper's* des Beatles. C'est ainsi que le psychédélisme qui promeut les drogues et l'amour libre se met à pénétrer toutes les couches de la société. Les hippies tiennent leur hymne avec *San Francisco* (*Be Sure to Wear Flowers in Your Hair*), écrit par John Phillips des Mamas & the Papas, et chanté par Scott McKenzie. Un titre prônant l'amour libre avec candeur devient ainsi un hit mondial. Avec l'innocence qui se dégage des images de Woodstock, l'idée que l'amour ne connaît pas de barrières et doit s'affranchir du modèle bourgeois continue d'exercer une influence forte. Woodstock incarne la liberté sexuelle des sixties. Quand le sida n'existait pas. Quand le mariage et l'enfantement était davantage perçus comme une prison pour les femmes.

La chanteuse Joni Mitchell, auteur compositeur de la chanson *Woodstock* qui deviendra un hit quand elle sera reprise par Crosby, Stills & Nash, n'a pas pu participer à l'événement. Elle en reconnaît l'importance comme étant « le plus important de sa génération », et a aussi bien connu l'amour libre. Précisant que les gens qu'elle a fréquentés lui ont fait une très mauvaise réputation à l'époque, comme pour la punir de sa liberté et de son désir de vivre à égalité avec les hommes qu'elle côtoyait, elle résume ainsi : « Assez parlé de l'amour libre. Personne ne sait mieux que moi à quel point tout cela n'était qu'une ruse. C'était une ruse pour les mecs car ils sortaient de la Prohibition. Avant cela, c'était dur pour eux de tirer un coup. »

X

X ou Y ?

L'infidélité a-t-elle un genre ?

On dit souvent que les hommes sont plus infidèles, mais alors les femmes seraient plus enclines à trahir leurs semblables… ? Le cliché veut que les hommes aillent chercher du sexe et les femmes de l'amour, mais on sait bien que c'est tout à fait inexact et cliché.

Nous sommes tous à la recherche d'un absolu de désir ou d'amour. Selon nos névroses, les deux ne se situent pas au même endroit ou n'ont pas la même importance.

Depuis que les femmes sont libres, travaillent et ont les moyens matériels de tromper leurs maris, les statistiques remontent et elles finiront par être aussi infidèles que leurs précieuses moitiés…

Mais alors, si on trompe une personne du sexe opposé avec une personne du même sexe, est-ce aussi une infidélité ? On ne remplace personne, on agrandit le champ des possibles.

2x + 1y + 1x = ?

De l'infidélité

Chez les couples homosexuels masculins, trompe-t-on plus que dans les couples féminins ? Il semblerait que nous pourrions nous épargner un sondage et affirmer qu'il y a pas mal de salauds partout.

Z

Zeus
(Jupiter chez les Romains)

Fils de Cronos et Rhéa, Zeus est le Dieu suprême de la mythologie grecque, il est célèbre pour ses amours à répétition... Faisant de sa femme et sœur, Héra, déesse du Mariage légitime surtout la déesse des cocues. En explorant la mythologie, on peut dire que les Grecs avaient beaucoup d'humour ou bien peu de respect pour la fidélité comme garante des liens matrimoniaux. Avant cette union tumultueuse, Zeus se maria deux fois.

Sur les conseils de la très sage Métis, déesse de la Ruse, Zeus fit régurgiter Cronos des enfants qu'il avait ingérés, et détrôna ainsi son père. Pour ne pas être à son tour trompé, et ainsi déjouer les présages de l'oracle qui annonçait que leur enfant deviendrait maître de l'univers, Zeus épousa ensuite Métis puis la dévora enceinte. Quelques mois plus tard, il ressentit de violents maux de tête et demanda à Héphaïstos de lui ouvrir le crâne à la hache pour le soulager (c'était compliqué de trouver du paracétamol à l'époque en Grèce) : Athéna, déesse de la Guerre, en sortit triomphante.

Puis Zeus eut pour maîtresse Thémis, déesse de la Justice, mère des Saisons et des Destinées (ces divinités qui veillent sur le sort des hommes et des dieux). Grâce à sa science supérieure à celle des autres dieux, Thémis siégea près de Zeus et l'assista comme son égale.

La plus connue des histoires de Zeus prêt à tout pour assouvir ses pulsions est sans doute celle d'Europe, la princesse phénicienne qui, jouant avec ses dames de compagnie, aperçut un taureau majestueux d'une grande douceur, alors qu'elles cueillaient toutes ensemble des fleurs dans un pré au bord de la mer. Europe s'assit sur l'animal qui n'était autre que Zeus. Il l'emporta aussitôt vers le rivage jusqu'en Crète, où il se changea en aigle (plus pratique qu'en taureau ?) pour s'unir à la jeune femme. La princesse finit ensuite par épouser Astérius, le roi de Crète, qui adopta les enfants issus de cet amour avec Zeus.

Non content de ses petits subterfuges, il reproduit la mascarade mais sous la forme d'un cygne pour rendre visite à Léda, l'épouse de Tyndare, roi de Sparte. Quatre enfants légendaires naquirent de cette liaison ; mais dans deux œufs… Deux frères, Castor et Pollux, qui prirent part à l'expédition mythique de Jason à la recherche de la Toison d'or. Leurs deux sœurs, Clytemnestre et Hélène, eurent quant à elle des liaisons adultères dont les conséquences furent terribles et entraînèrent la guerre de Troie.

Zeus parvint en revanche, sans avoir à se changer en volatile, à s'unir à l'insu de son épouse à Maïa, fille du Titan Atlas et d'une des sept Pléiades, car celle-ci habitait dans une grotte bien dissimulée. De cette liaison naquit le dieu Hermès.

Toujours prêt à toutes les ruses pour assouvir son plaisir, Zeus se fit passer pour Amphitryon, roi de Tirynthe, la veille de son retour du combat afin de prendre sa place dans la couche de sa femme Alcmène. Il multiplia par trois la durée de la nuit pour faire durer le plaisir. Au retour de son mari, la reine étant peu ardente, celui-ci fut surpris. Alcmène crut, quant à elle, le roi amnésique. Ils découvrirent le pot aux roses seulement quand le devin Tirésias leur expliqua le subterfuge du dieu. De cette triple nuit torride naquirent deux fils, dont le plus grand héros de la mythologie grecque, Héraclès (Hercule chez les Romains).

Zeus est aussi le symbole du destin et de ses rouages, rien n'échappe au Dieu des dieux… Après avoir appris de l'oracle que son petit-fils le tuerait, Acrisios, roi d'Argos, fit enfermer sa fille Danaé dans une tour de son palais. Zeus parvint à pénétrer dans la chambre sous la forme d'une pluie d'or, pour s'unir à la princesse. De cette nuit d'amour naquit Persée. Malgré les efforts pour cacher l'enfant pendant les quatre années qui suivirent, le roi finit par découvrir son existence, et fit jeter à la mer la princesse Danaé et sa progéniture. Après de nombreuses péripéties, ils revinrent à Argos, où Persée participa à des jeux. Par accident, il blessa à mort le roi, en envoyant un disque sur son crâne. Ainsi fut réalisée la prophétie. Rien n'échappe à Zeus et Zeus n'échappa jamais à son destin.

Zeus rendit Rhéa folle de jalousie et eut de nombreux enfants avec d'autres déesses, mais également avec des mortelles. Il eut par exemple une aventure avec Sémélé, la fille de Cadmos, fondateur de Thèbes. Il prit pour la séduire l'apparence d'un mortel. Héra, sans pitié, se changea en vieille femme, et convainquit Sémélé d'exiger de Zeus qu'il se présente dans tout son apparat divin. Le dieu, connaissant les conséquences d'une telle vision pour un mortel, le fit non sans rechigner. À la vue de Zeus dans toute sa gloire, Sémélé fut instantanément réduite en cendres. Il parvint cependant à sauver le fils qu'elle lui destinait, Dionysos. Héra ordonna par la suite à sa fille Ilithyie, déesse des Enfantements, d'empêcher les naissances d'enfants illégitimes de ce dieu des dieux assoiffé de désir. Elle tenta d'empêcher Léto d'accoucher de ses faux jumeaux divins : Artémis (Diane, chez les Romains) et Apollon, réputé comme le plus beau dieu de l'Olympe.

Héra courait derrière Zeus qui courait après les femmes... Cela semblait fonctionner. Cette union orageuse devait sans doute à la fois attiser son désir de tromperie et satisfaire un besoin passionnel qui fit qu'il garda Héra près de lui.

En réalité, le mariage de Rhéa et Zeus fut inventé assez tard afin de réunir deux cultes distincts. Leur amour est la représentation des disputes conjugales dont l'amour sort vainqueur et les chagrins d'Héra sont souvent symbolisés par des orages d'automne...

Remerciements

Mes remerciements à Briag Maruani et à Marinette Lévy pour leur aide dans mon travail de recherches.

Table

Table

Pour en savoir plus
sur les Éditions Plon
(catalogue, auteurs, vidéos, actualités...),
vous pouvez consulter notre site Internet
www.plon.fr
et nous suivre sur les réseaux sociaux

Editions Plon

@EditionsPlon

@editionsplon

Achevé d'imprimer en février 2018
par Normandie Roto Impression s.a.s.
61250 Lonrai
N° d'impression : 1800143

Imprimé en France